너머의 새

강영은 시집

시인의 말

시집을 낸 지 5년이 흘렀다. 그 사이, 코로나 팬데믹이 찾아오고 두 차례 수술을 받았다. 나라는 존재와 나를 둘러싼 세계에 대해 상실과 부재의 감정이 밀려들었다. 무력한 나날을 향해 침묵하고 싶었으나 말을 버리지 못했고, 이미지의 명망 속에 존재해온 시간과 공간을 지우지 못했다.

그 너머에 무엇이 있는 것인가,

2024년 2월

강영은

차 례

● 시인의 말

제1부

너머의 새

너머의 새 ——— 10
돌침대의 노래 ——— 12
지슬 ——— 14
남겨진 자 ——— 17
설계設計 ——— 18
겨우살이 ——— 20
뜻밖의 철수撤收 ——— 22
마른 내 ——— 24
청개구리 ——— 26
삽자루를 생각함 ——— 28
1968년, 성탄제 ——— 30
검은 모살 ——— 32
인화印畵 ——— 34
심인心印 ——— 36

제2부

시간의 연대

시간의 연대 ——— 40
책장冊張, 낱낱이 펼쳐진 밤의 숲 ——— 42
고조곤히 ——— 44
동물성 ——— 46
청춘의 완성 ——— 48
간격 ——— 50
상대성 ——— 52
타탄체크를 짜는 방식 ——— 54
오후 네 시를 지나는 두 개의 다리 ——— 57
농담의 무게 ——— 60
단지, 사과 한 알을 먹었을 뿐인데 ——— 62
보너스처럼, 보너스가 담긴 봉투처럼 ——— 64
생일 ——— 66

제3부

단어의 세계

단어單語의 세계 ─── 70

눈물의 품사 ─── 72

개인적인 옥상 ─── 74

누에 ─── 76

블로거 ─── 78

독자讀者 ─── 80

저녁의 공중제비 ─── 82

순간의 나무 ─── 84

숲 ─── 86

낙엽 사용증명서 ─── 88

정오正午 ─── 90

경우의 수數 ─── 92

동대 입구 ─── 93

제4부

인형들의 도시

인형들의 도시 ——— 98

절망 ——— 100

마리우플의 사과밭 ——— 102

죽은 조개껍데기(死殼)의 꿈 ——— 106

디스토피아Dystopia ——— 108

베갯머리 송사 ——— 111

우화羽化 ——— 114

이것은 파이프가 아니다 ——— 116

어떤 첫눈 ——— 118

코로나 19, 펜데믹 ——— 120

오늘의 나무 ——— 122

신뢰의 배경 ——— 124

전유專有 ——— 126

▨ 강영은의 시세계 | 오형엽 ——— 128

제1부

너머의 새

너머의 새

새가 날아가는 하늘을
해 뜨는 곳과 해 지는 곳으로 나눕니다.
방향이 틀리면 북쪽과 남쪽을 강조하거나
죽음을 강요하기도 합니다.

나의 흉곽을 새장으로 설득하기도 합니다.

사이에 있는 것은 허공
새가슴을 지닌 허공을 손짓하면
새가 돌아올지 모르지만
새의 노동이
노래를 발견하고 나무를 발명합니다.

헤아릴 수 없는 크기를 가진 숲에
잠깐 머물러
나무와 나무의 그늘을 이해한다 해도

새 발자국에 묻은 피가 없다면

당신이 던진 돌멩이가 무슨 소용이 있겠어요?

점点 하나가
돌에 맞은 공중을 끌고 갑니다.

제가 새라는 걸 모르고
새라고 하자
공중이 조각조각 흩어집니다.

아무런 목적도 계획도 없이
너머로 넘어가는 새

새라고 부르면 새가 될지 모르지만
나라고 발음하는 새는
누구일까요?

돌침대의 노래

불타는 나무들과 헤어지는 연습을 되풀이한다.
납작한 돌덩어리에 팔다리를 욱여넣은
빌레못 동굴처럼

숲의 불분명한 꼭대기에서 들리는 노랫소리
낙엽에서 풍기는 썩은 냄새
아침부터 저녁까지 들판에 타오르는 연기 같은
그 모든 것들을

내게 돌아온 발목과 손목으로 치부하면서
나는 다만
돌이어도 좋다는 생각으로
의심 많은 판석板石 위에 눕는다.

차디차게 식어가는 순간을 응시하는 건
나의 유일한 진정성

타오르는 하나의 형상을 건지기 위해

나는 마침내 침대가 되리라.
익숙하게 바닥을 차지한 불꽃처럼
나는 서서히 살아나리라.

화석이 된 나를 허공 아래 누이고
침대가 되는 연습을 한다.
매몰된 동굴 입구에서 발갛게 타올랐던 숯불처럼
살아 있는 연습을 한다

뻗쳐 오르는 여름 한낮,
꽃과 가시를 한 몸에 처박은 들장미처럼
한 줄기 문장을 쏟다.

여기까지 온 시간의 바닥에 붉게 핀 얼굴을
흩뿌리면서.

지슬*

나는 드디어
말 상대를 고안해 냈다.

거기 누구 없소? 소리칠 때
누구도 들을 수 없는 나밖에 들을 수 없는
목소리를 만들어냈다.

내 귀의 바깥은 그 소리를 듣지 못한다.

내가 섬일 때
날다가 지친 갈매기들이 섬에 집중할 때

갈참나무 잎사귀처럼 침몰하는 귀가
저절로 닿는 심연, 그 아득한 깊이에서 들려오는
존재의 목소리

그것이 설령
내 몸의 줄기에서 뻗어 나간 것일지라도

놀란 흙 밖으로 튀어나온 그것을
나는 지슬*이라 불렀다.

그럴 때 나는
불타오르는 산이고 쏟아지는 빗줄기이고
숲을 뒤덮는 바람이고 계곡에 넘쳐흐르는 물

나는 드디어
나의 고독과 대화하는 나를 가지게 되었다.

나의 예언은 어디에서 오는지
나의 방언은 어디에서 유래했는지
마침내
감옥이고 차가운 별이 되고 마는

나의 독백을
대화체로 바꾸어주는 시詩를 가지게 되었다.
흙무덤에서 파낸 그것을

나는 지슬이라 불렀다

* 지슬 감자를 뜻하는 제주어.

남겨진 자

밤이 납덩어리인 줄 모르고
당신과 나는 별 떨기를 세고 있었다.

별빛에 목을 맨 나비처럼
당신은 당신이 입은 스웨터를 올올이 풀고
내가 모르는 밤하늘로 날아갔다.

언제 생겼지 이, 커다란 물웅덩이

파문조차 없이
나는 다만 새까맣게 변한 얼굴로

속눈썹 같은 것이, 자귀나무 붉은 꽃잎 같은 것이 떠 있는
물웅덩이를 본다.

깨어진 수은주처럼
언제까지나 수은 번지는 웅덩이를 보고 있었다.

밤이 납덩어리인 줄 모르고,

설계設計

나는 내가 빈집일 때가 좋습니다.

침묵이 괴물처럼 들어앉아 어두운 방을 보여줄 때 고독한 영혼이 시간과 만나 기둥이 되는 집, 증거 없는 희망이 슬픔과 만나 서까래가 되는 집,

우주의 법칙을 속삭이는 별빛과 그 별빛을 이해하는 창가와 그 창가에 찾아든 귀뚜라미처럼 우리는 하나의 우주 속에 들어 있는 벌레라고 우는 집,

희고 깨끗한 미농지를 바른 벽이 도면에 있어 닥나무 껍질에 둘러싸인 물질의 영혼처럼 영혼의 물질처럼 나는 당신 안에 있고 당신은 내 안에 있어 충만한 집,

내가 알고 있는 숲은 결코 그런 집을 지은 적 없어 새장 같은 집을 그릴 때마다 영혼을 설계하는 목수처럼 종달새가 날아와 얼기설기 엮은 노래로 담장 쌓는 집,

수백 년 묵은 팽나무가 지탱하는 그 담장에 걸터앉아 떠오르는 해와 지는 해를 바라보는 일, 그것이 빈집의 업業일지라도

욕망의 가구가 놓여 있지 않은 그런 빈집이 나였으면 좋겠습니다. 가슴 다친 새가 앉았다 가는 내 집이 멋지지 않아서 좋습니다.

겨우살이

느러터진 한 해를 하루의 시간으로 앞지르려던 나는 부은 얼굴에 얼음을 갖다 댑니다. 얼어붙은 시간의 침묵에 타박상을 입은 거죠. 그래도 온 누리 가득 퍼지는 햇살 두서너 개 호주머니에 꽂아 두어야겠죠. 머지않아 봄이 올 거라고, 덕담 한마디 잊지 말아야겠죠.

파릇파릇 새잎 돋아나는 봄이 오면 어떤 나무가 원고지가 될지 글자들이 돋아나는 이파리에선 어떤 국경이 태어날지 벌거벗은 하늘을 바라보는 나의 상상은 남쪽을 지극하게 자극합니다.

그러니까, 나는 겨우 살아가는 목숨인데요. 그래서 나는 이렇게 말 많은 까닭을 당신에게 묻어두고 세밑에서 정초로 건너가 보는 것인데요. 얼어붙은 겨울을 건너야 하는 나의 언어는 아무런 말 없이 등을 내주는 당신의 슬픔에 기생하는 까닭에 겨우 살아요.

그렇게 살아가는 나와 당신에 대해 허공을 고문해 보려고요. 허공에 박혀 있는 나의 인내가 별빛을 끌어안아도 당신과 나의 거리 두기는 여전히 유효하고 죽을 만큼 당신이 보고 싶어도 나는 당신을 보지 못하죠.

 차라리 죽는 게 낫겠다고, 나와 거리를 두어보아도 흔들리는 그림자가 나를 따라다닙니다.

 죽음을 건널 수 없는 나의 언어는 밤으로 가득 찬 원고지를 떠나지 못해 얼었다 녹았다 반복하는 명태처럼 찢어지기를 기다립니다만 재빠른 여우가 느린 곰을 앞서 나가듯 당신의 넓은 등을 타고 허공을 건넙니다.

 너는 새가 뱉어낸 허공일 뿐이야, 싹 트지 않는 계절을 묻어둔 옆집 아저씨가 한마디 했지만 허공 중에도 보이지 않는 씨앗이 있다는 걸, 그 씨앗 속에 노래를 묻어두었다는 걸, 썩은 당신의 옆구리에 기어들면서 나는 속삭였죠.

 그렇게 나는 늙은 팽나무와 동거했어요. 만년필이 흘린 푸른 잉크처럼,

뜻밖의 철수撤收

신례천* 탐방로 계곡 아래로
한없이 미끄러지던 날
상처뿐인 나에게서 철수하기로 했다.

내가 사랑한
명사이기도 하고 대명사이기도 한
철수 대신
내가 남긴 철수를 사랑하기로 했다.

엄마 배 속에서 태어날 때부터
오로지 이생을 철수하기 위해 살아왔던 걸까,

세상의 모든 철수가 달려들어
철수하라고 외치던 그날
철수만 남은 나를 사랑하기로 했다.

'사랑하고 싶다'에서 '싶다'라는 보조 형용사를
오솔길에 버린 그날

죽음의 날들에서 철수하기로 했다.
철수하고 싶던 낭떠러지에 매달려
나에게서 철수하기로 했다.

나는 마침내
온전한 철수를 지니게 되었다.
내가 사랑한 생을
철수撤收라고 부르게 되었다.

---

* 제주특별자치도 서귀포시 남원읍 하례리에서 시작하여 신례리 해안으로 흐르는 지방하천.

마른 내

　어제는 구름을, 오늘은 비를 읽었습니다. 하귤이 놓인 실내에 빗방울 같은 선율을 틀어놓고 마음껏 비의比擬를 읽었습니다. 당신을 사랑한 것도, 사랑이 떠난 것도 나만 아는 어느 언덕에 묻은 것처럼 오늘은 마음껏 비밀을 품었습니다. 사람들은 언덕에서 풀꽃을 읽고 갈 뿐, 흔들리는 꽃들이 나에게서 탄생한 비사祕史라는 걸 알지 못합니다.

　하늘이 새침하여 비 내리는 창가에서 책을 읽었습니다. 지금 여기까지 단숨에 흘러온 냇물을 읽었습니다. 흙탕물을 벗어 던지는 저, 냇물은 몇백 년을 견뎌 온 책입니까, 어떤 책이 저토록 정직하겠습니까, 당신을 안을 뿐인 내 팔은 습기를 건널 수 없어 저 책을 안을 수도 없습니다. 한라산 옆구리를 휘돌며 천둥보다 큰 소리로 내달리는 덩어리, 밝은 날의 곤충들과 흐린 날의 개구리울음들과, 웅덩이에 떠 있는 비닐 조각까지 한꺼번에 밀고 오는 저, 책을 탓할 수 없습니다.

　계곡으로 내려온 비구름이 몇백 년 묵은 나무에게 눈짓하는 것을 보았습니다. 키 큰 제밤나무는 숨을 죽이고 길가에 돋아나 있는 풀잎들만 철없이 까붑니다. 가벼운 슬픔만 울기 좋은 날입니까, 장막처럼 드리워진 슬픔이 커다란 눈망울을 뜨는 날이어서 고요가 폭우로 벽을 세웁니다.

   벽을 뚫고 이무기가 몰려옵니다. 승천할 줄도 모르면서, 바다 어디쯤에서 달아나려고 바다로 닿기 전인데도 허연 배때기를 드러냅니다. 당신이 괜찮냐고 물어 올 때 마구 떼쓰며 뒹굴고 우는 저런 배짱을 나도 가져보고 싶습니다.

   햇빛을 마다하는 오늘, 우는 법을 배웠습니다.

청개구리

늘
우는 건 아니다.
울고 싶을 때가 따로 있는 것도 아니다.
올챙이들이 우는 법을 배울 때
30cm 잣대를 든 선생님이 책상을 탕탕 두드리며
너는 왜 매번 틀리는 거야, 호통칠 때
울고 싶어지는 것이다.
숙자 미자 영자가 생각날 때
너는 왜 매번 전화 받는 여자가 다르니?
죽은 엄마가 물어올 때
너를 마지막으로 나의 청춘이 끝났다* 그녀들이 고백할 때
낭만적인 영웅처럼 크게 한 번 울어보는 것이다.
앞다리로 뛰다가 뒷다리를 놓쳐버린 삶이
나의 후편을 예고할 때
나의 전편이
낡은 영사기에서 흘러나오는 영화 같다고 생각될 때
한꺼번에 울음을 쏟아내는 것이다.
다시 불러올 수 없는 장면 속에도

축축한 시절은 있다고

비 오는 세상에게 마구 떼를 써보는 것이다.

초록을 쫓는 뱀이 소리 없이 다가와

혀를 날름거릴 때

초록을 등에 업고 마른 땅으로 달아나고 싶을 때

젖은 곳만 골라 발을 내딛던

개구리가 아닌 것처럼

엄마, 엄마, 세상의 모든 엄마를

불러보는 것이다.

* 조용필 노래 'Q'에서

삽자루를 생각함

바람 부는 날, 비치새*가 운다. 멀구슬나무 가지에 앉아 온종일 운다.

나무의 이념이 무엇인지 모르는 삽자루는 평온하다. 나무였던 시절을 잊은 삽자루는 겸손하다. 삽날의 기둥이 되어주는 삽자루는 단단하다. 나무의 마음 버리지 않는 삽자루는 꿋꿋하다.

뿌리에서 뿌리로 흙을 퍼 나르는 삽자루는 삽자루일 뿐이지만, 이 가지 저 가지로 옮겨 다니는 새에 대해 삽자루는 삽자루에 기댄 농부처럼 생각이 깊어진다,

헛간에 기댄 삽자루의 입과 귀가 흩어진다. 쓰러지는 삽자루, 삽자루를 묻은 무덤에서 싹이 튼다. 무성하게 자라는 삽자루,

바람 부는 날, 비치새*가 운다. 삽날처럼 뾰족한 부리로 운다.

* 직박구리(제주 방언).

1968년, 성탄제

현관 밖에는 성탄 나무가 서 있었다.
층층이 팔 벌린 가지에는 금박지 은박지로 오려 붙인
별들이 종일 반짝였다.
눈싸라기가 창문을 치고 가는 저녁 답에는
귤빛 같은 불빛을 손에 들고 온 교인들이
기쁘다 구주 오셨네,
과자며 떡을 나눠 먹었다.
하얀 옥양목 치마를 둘러쓴 열두 살
나는 성모 마리아가 되었다.
동방박사 소년은
별빛 보고 찾아왔다는 대사를 까먹었다.
당신 보고 찾아왔소, 외치는 바람에
배꼽 빠진 아이들은
새벽을 기다리다 잠이 들었다.
삼나무 꼭대기에선
밤새도록 별똥별이 떨어졌다.
성에 낀 유리창에는
신발 터는 소리가 얼어붙어 있었다.

낡은 신발들을 지키느라
눈사람은 녹을 틈이 없었다.

검은 모살

그림자가 시들지 않는 여름날,
당신과 나는 검은 모살* 밭으로 갔다.
뜨겁게 달구어진 시간을 긁어모아
모래 무덤 쌓는 일이 나는 좋았다.

단단해진 잠 구덩이 곁에서
엄마, 엄마,
돌아오지 않는 잠을 부르면
미라처럼 빛나는 당신의 그루잠 속
태어나지 않은 내가 좋았다.

모살을 쓸고 간 건 물결이라고
당신은 말했지만
모살 밭에 서면 둥글게 돌아오는
파도의 시간
모살 없는 모살 밭에
서걱거리는 말은 있어도 없어도 좋았다.

가까운 곳도 먼 곳도 보이지 않는
지금 몰슨은 더 먼 곳

언제 만날지 모르는 어제가 밀려와도
흰 머리칼 묶는 수평선이 남아 있어서
나는 좋았다.

당신과 함께 못 살 것처럼 모살 되던 날들,
당신만큼 작아져
모살 밭에 함께 뒹구는 일이 미래라고

공책 펼쳐놓는 파도가 낡지 않아서
더없이 좋았다.

* '모래'라는 뜻을 가진 제주 방언

인화印畵

 엄마 입술은 검게 드러나네 엄마가 입은 초록 저고리는 더 검게 봄빛을 드러내네. 엄마가 꺾어준 동백꽃 모가지를 뚝뚝 따고 있었지만

 산으로 간 외삼촌과 뭍으로 떠난 아버지 사이에서 빼꼼히 내다보는 흰색이 싫어, 엄마 눈 코 입에 돋아나는 흰색이 싫어, 검정 크레용을 꺼내 마구 칠했던 봄

 가시덤불 속으로 숨어들던 외삼촌도 푸른 물결 넘던 아버지도 사진 속에서 사라졌네.

 한낮의 태양 아래 비명 없는 무덤이 출몰했네. 남은 건 검고 울창한 배경뿐인데 움트는 새싹조차 숨을 죽이는 색맹色盲의 계절

 엄마 눈가에 흘러내리는 검은 색이 좋아, 엄마 눈물 감추어 주는 검은 봄이 좋아, 엄마가 남긴 흑백사진을 꺼내 보네.

해마다 4월이면 지워진 얼굴을 다시 그려 넣네.

빨갛고 파란 색에 눈이 먼 봄은 어느 방향에서 오는지 늙은 팽나무 가지가 참새 부리 같은 이파리를 내밀 때 채 피지 못한 그날의 봄을 다시 그려 보네.

동백꽃 붉게 떨어뜨리는 봄비에 젖어 흐느끼는 내 안의 봄을, 만화방창萬化方暢 피워보는 것이네.

심인心印

휘파람새 소리는 누군가를 데려가
심장 안쪽에 가장 아픈 발자국 소리를 남긴다는데

휘파람새 소리 따라간 당신이
허공에 발자국 찍는가 보다.

오지항아리 뚜껑에 움튼 물별처럼 저문 하늘에
별 돋는 소리

숭늉 그릇 받쳐 들고 혼자 밥 먹는 저녁
허기진 당신이 다시 돌아오나 보다.

파르라니 번지는 물별이끼처럼
내 마음의 빗장 잡아당기는 소리

언젠가 들었던 휘파람 소리처럼
휘파람새 소리는 녹슬지도 않나 보다.

속잠 속에 든 눈꺼풀을 젖히면
두근거리는 심장에 콕 박혀 있는 붉은 두 입술

당신과 나만 아는 바닷가 모래톱에 다다른 듯
시간은 사라져도 입술은 남는가 보다.

제2부

시간의 연대

시간의 연대

돌 위에 돌을 얹고 그 위에 또 돌을 얹어
궁극으로 치닫는 마음

마음 위에 마음을 얹고 그 위에 또 마음을 얹어
허공으로 치솟는 몸

돌탑은 알고 있었다.

한 발 두 발 디딜 때마다 무너질 걸 알고 있었다.
무너질까 두근거리는 나를 알고 있었다.

그건 내가 태어나기 전의 일이므로

조그만 돌멩이를 주워
마음의 맨 꼭대기에 올려놓았다.

태어나기 전의 돌탑을
태어난 이후에도 기다렸다.

한곳에 머물러 오래 기다렸다.

돌멩이가 자랄 때까지
돌탑이 될 때까지

책장冊張, 낱낱이 펼쳐진 밤의 숲

시인의 나라는 중립국이다.
아군 적군이 없다.

은유로 빚은
밤의 숲처럼

꽃을 꽃이라 말하지 않고
벌레를 벌레로 보지 않는다.
신을 높이거나
짐승을 업신여기지 않는다.

가지 끝, 허공을
천국과 지옥으로 나누지 않는다.

나무가 되기 이전의
형상들
숲을 채우는 온갖
기호들

너와 내가
약속하기 전까지 몰랐던
상징들

말똥이 뒤섞인 지뢰밭에서
시인은 처음 죽은 병사처럼
소모전을 치른다.

죽은 자들만이 장벽을 넘어간다.

아무도 거할 수 없고
누구도 살 수 없는 언어의 신전

시인의 나라는 그 숲에
세워진다.

고조곤히

사물 속에 몸을 숨긴
너는
상상의 가지 끝에서
피어난다.

누구의 눈에도 띄지 않는
나는
눈이 어두운 짐승

관념 속에 자라는
미명微明의 어둠을
버린 뒤에야

한 송이 꽃으로
완성되는
니의 환영을 본다.

너는 비로소

꽃이라는 이름의 실체를
지닌다.

작년 봄에 피었던
생각이
고조곤히 내 눈 속에 와
피어 있는 것이다.

동물성

구분되지 않는 우리를 무리라 부른다.

당신과 헤어지면 나는 나라는 개인, 나를 꽃잎이라 부르면, 당신은 바깥쪽은 무르고 속은 단단한 꽃잎,

당신이 내게 보석이면, 당신이 탄생시킨 나는 뼈대 있는 보석 중 하나가 된다.

당신의 언약과 손가락을 사랑할 때 겨울과 봄이 동거하는 3월이 오고, 3월에 태어난 바람은 방황하는 개처럼 피부병을 앓는다.

진실 되게 서로의 상처를 핥는 우리는 길을 잃고, 몰려드는 두 팔과 두 다리에 겁을 먹지만 우리끼리 있을 때 너울거리는 이, 격렬한 춤,

이러한 감정을 적폐라 부를 때 구태여 삼키지 않더라도 우리는 위태로운 절벽을 소화한다

꽃도 짐승도 아닌 이미지를 소화한다는 것,

식물적인 상상을 한입에 털어 넣고 죽은 우리는 그저 골격이라 불리지만 통점을 자극하면 조금 더 크게 이빨을 드러내는

우리라는 무리,

죽음에 이르러야 깨우치는 동물성에 대해 날마다 이별하는 당신과 나는 산호다. 자웅이체다.

청춘의 완성

탁자 위에는 늘 물컵이 놓여 있었다.

너는 왜 물만 마시니?

눈앞을 오가는 어항 속의 금붕어를 손가락으로 짚으며 너는 묻고 있었지만, 물풀 사이 오버랩되는 물의 눈동자, 일렁이는 네 눈동자는 작은 어항 같아서

숨을 헐떡이며 목마름을 이겨내던 나는 어항 속에 갇힌 금붕어였다.

청춘은 고상하지도 비천하지도 않은 음악 같아, 지하의 음악다방에서 청춘을 소모하는 동안, 금붕어와 나 사이 흐르는 건 베토벤도 슈베르트도 아니었다.

"어머니, 내 삶은 이제 막 시작한 것 같은데 난 내 삶을 내팽개쳐 버린 거예요"

보헤미안 랩소디*를 칼 복사하던 가슴이 무대이고 악기이던 그때, 너를 기다리는 시간만이 유일한 위안이었다. 레코드판 위를 도는 바늘처럼 너를 기다렸던 것 같다.

무수한 기다림과 스파링하는 동안 잃은 것과 얻은 것 중, 어느 것이 내 것이었을까,

떨리는 손으로 물잔을 잡던 장면이 깨졌을 때, 미래라는 헐렁한 옷을 입은 나는 아무것도 선택하지 않았다.

출렁이지 않는 탁자처럼 물의 눈동자가 고요해졌을 때, 나의 청춘이 완성되었다.

푸름이 너무 깊어 물기를 뚝뚝 떨구던 그 시절, 푸르다는 이유만으로 방랑자의 광시곡 외엔 가진 것 없는

나는 나를 용서했다.

* Queen의 노래.

간격

적금을 해약하고 근처 식당에서 월남쌈을 먹는다. 피망과 오이처럼 당신과 마주 앉아 느끼는 입맛은 미완성의 재료보다 높은 가성비,

침묵과 침묵 사이에 놓여 있는 포크를 들었을 때 살아 있거나 죽어 있는 구간이 시작된 것처럼 당신은 자꾸 콧물을 훌쩍이고 돌기 돋은 혀는 쓰디쓴 미각을 꺼낸다.

당신은 얼마나 먼 거리에 놓여 있는 포크인가,

포크 든 오른손이 테이블 아래로 떨어질 때 창자 속으로 떨어진 것은 재료들의 삶도 죽음도 아니었다. 식용 꽃봉오리에 얹혀 있는 내 눈이었다.

그때 나는 먹이사슬에 매달린 짐승처럼 휴지를 꺼내 조심조심 눈을 닦았지. 손의 관습도 습관도 아닌, 포크에 묻어 있는 공포를 지우는 일이었지.

바닥에 눕힐 때마다 당신은 죽여 준다고 말했지. 생의 절정을 바란 건 아니지만 당신보다 바닥이 먼저 보인 건 무엇 때문이었을까,

고층 빌딩 창문에 매달린 사람에게도 기중기에 목을 매단 사람에게도 공중보다 바닥이 먼저 다가왔을 뿐 죽음을 바라보진 않았을 거야,

우리는 진작 사후 세계를 보고 있었던 거야,

계산하고 나가자, 오래전 외삼촌이 월남에서 돌아왔듯 우리는 쌈값을 내고 사지에서 돌아왔지.

생이 불현듯 내게로 왔듯 죽음 또한 그렇게 온다면, 포크는 여전히 식탁 아래 남아 있을까, 바닥이 포크처럼 쥐어진다면 당신과 나의 간격은 얼마나 더 넓어지는 걸까,

상대성

유리컵에 담긴 포도알처럼
꺼내기 좋은
얼굴

유리컵에 비친 포도알처럼
꺼낼 수 없는
얼굴

아침의 일출과 저녁의 일몰처럼
기분이 다른
얼굴

이렇게 많은 나를 누가 키웠나?
포도밭 지기 같은 당신이 키웠나?

수없이 많은 나와 연애해도
수없이 많은 나와 이별해도
온도가 같은

얼굴

내가 뱉은 씨앗과
내가 삼킨 열매처럼
법칙이 같은
얼굴

새가 노래하는 아침과
새가 돌아오는 저녁처럼
좌표가 같은
얼굴

어제 만났다 오늘
헤어지는 작은 손바닥 안
얼굴들

타탄체크를 짜는 방식

굵기가 다른
두 마음은 자주 엇갈려
당신과 나 사이
교차로가 생긴다.

그럴 때 당신은
고양이가 죽어 나간 골목처럼
사각지대를 번식시킨다.

나의 골목은 길고
당신의 점프는 바닥을 향해
망설임 없이 뛰어내린다.
속도와 나 사이, 바닥이 생긴다.

바둑판 위에서 바닥을 점검한다.
다섯 점을 양보한 흰 돌은
으스대고
다섯 점을 미리 둔 검은 돌은

허둥댄다.

이기고 지는 건 시간문제라고
바닥과 나 사이 벽이 생긴다.

타탄체크 무늬를 뒤집어쓴
당신이 벽을 지난다.
통곡하는 벽을 지나기 전에
당신의 목덜미가
붉게 물든다.

그럴 때 당신을 무어라 부를까,
눈자위가 검고 큰 아랍 남자 같다고 할까,

함부로 말할 수 없는
당신과 나 사이
겹겹 무늬가 쌓인다.

나는 생각한다.
타탄체크 무늬는 총알과 상관없다.
타탄체크 무늬는 종교와 무관하다.

지나간 당신은 의미를 고집하고
다가올 당신은 의미를 버린다.
당신과 나 사이
교차로가 완성된다.

우리는
아무 말이나 하면서 다정해지고
아무 말 없이 멀어진다.

당신은 세로고 나는 가로다.

오후 네 시를 지나는 두 개의 다리

화단과 멀어진
다음, 그다음에도 걷겠습니다.
활짝 핀 웃음을 기다리는 당신을 향해
걷다가 멈추겠습니다.

걷다가 멈추는 일이 습관이라면
바람도 바람에 날리는 향기도
없었던 일로 하겠습니다.
당신마저 없었던 일로 하겠습니다.

이런 생각을 하면
나는 나를 고장 낼 것 같습니다.

오늘은 바람 불고 비바람 불고
비와 바람에 섞여 춤을 춥니다
흩날리는 꽃잎, 비가悲歌입니까,

그 무엇도 아니라는 듯

광장은 네모난 얼굴을 하고 있습니다.
광장은 그래서 생겨납니까,
나도 광장이 될 수 있습니까,

심장을 울리는 분침과 초침소리,
광장의 꽃시계가 아칸서스잎과 가시 없는 아칸서스잎 같은
두 개의 바늘을 남깁니다.

광장은 오지 않습니다.

시간과 어긋나기, 돌려나기, 갈래 지기, 한통속 되기,
이것이 광장의 약속이라면
기다림은 광장이 피워낸 꽃입니까?

로베르 빅토르 마리 샤를 뤼프리슈*
당신의 습삭한 꽃처럼
백 년이 지나도 사라지지 않는 시계視界이고 싶을 뿐,

난, 가시 같은 두 다리를
지울 수 없어요!

* 프랑스 화가(1866년~1876년), 다수의 꽃 그림을 습작화로 남김.

농담의 무게

당신은
누르기만 하면 시가 나오는
자판기잖아요!
진담보다 가벼운 농담이긴 해도
그 말을 듣고 알았어요.
고장 난 내 몸이
기계였다는 걸,
흐르는 물처럼 잔잔히
죽음에 닿을 줄 알았는데
마음대로 죽을 수도 없는
로봇이라는 걸,
시인의 운명이
그런 것이라면
수술대 위에 누워
목숨을 구걸하는 시인이 되기보다
기계가 되는 편이 낫겠어요.
머리통이든 젖꼭지든
하다못해 눈물점이라도

누르기만 하면 지저귀는 기계*

쇠로 된 입술을 가진다면

모가지를 눌러도 지저귀겠죠?

전선 줄에 앉은 참새처럼

기쁜 날에도 슬픈 날에도

찾아오는 새

시간의 손잡이를 돌려도

날아가지 않는 새,

찬바람에 놀란 갈참나무가

잎사귀를 떨어뜨리는 밤

농담처럼 나는 죽어도

새는 살아 있겠죠?

* 파울 클레, 종이에 수채물감과 잉크, 1992.

단지,
사과 한 알을 먹었을 뿐인데

굴러갔다.
동쪽 끝에서 서쪽 끝으로
단지,
사과 한 알을 먹었을 뿐인데
사과라는 말이
입안에서 우주 밖으로
단숨에 굴러갔다.
사과에게
사과하기도 전에
사과나무 가지를 후려치는
폭풍우와 눈보라에 닿았다.
사막을 걸어가는
사과 장수처럼
사과의 처음에서 끝까지
완주한 적 없는데
사과보다 먼저
사과의 일생에 다다랐다.
토마토가 되는 것은 어떻겠니?

토마토처럼

붉은 사과에 도달하려고

겉과 속이 다른 껍질을 모아

쓰레기통에 버렸다.

사과가 먼저 가

기다리고 있었다.

사과의 눈目이 먼저 가

기다리고 있었다.

머나먼 과수원에 쏟아지는

봄 햇살

아직 싹 트지 않은

나를.

보너스처럼, 보너스가 담긴 봉투처럼

어젯밤, 폭설이 내렸어요. 육십 년 만에 내리는 눈이라고, 사람들은 두 눈을 발목 속에 푹푹 파묻었어요.

숫자 같은 건 아무래도 좋았어요. 질척거리는 길들과 엉겨 붙은 자동차 사이에서 설산雪山을 경험했으니까요.

하늘과 땅이 서로의 두피를 긁어댔어요. 흩날리는 머리칼에선 묵은쌀로 찐 백설기 내음이 났어요.

쌀벌레가 겹겹이 쌓인 떡을 제사상에 올려도 아무도 모를 거라고, 눈 맞은 나무들은 시루의 크기를 속살거렸죠.

나, 나는 죽은 쌀벌레를 생각했어요.

그래요, 폭설 속에선 모든 것이 모호해져요. 속은 비고 겉은 차가운 것이 벌레처럼 눈가에 어른거리죠. 오래된 사랑을 길모퉁이 거울 속에 세워둔 것처럼 사람들은 겹눈을 가지게 되죠.

먼 곳은 가까이, 가까운 곳은 멀리 보이는 이런 날,

눈사태를 이룬 풍경과 상관없이 겨울은 태어난 때로 돌아가겠죠. 그토록 많은 눈사람을 두고 걸어가겠죠. 만들다 만 눈사람처럼 나는 태어난 때로 돌아갔어요.

더러움을 벗어던진 흰 눈의 축제, 가장 순하고 어여쁜 아기 하나가 눈 속에서 태어나는 것을 보았어요.

축하해요. 엄마, 몇 사람의 얼굴을 감춘 내가 아장거리며 다가왔어요. 보너스처럼, 보너스가 담긴 봉투처럼……

가고 오지 않는 시간이 거기 놓여 있었어요.

생일

해마다 온다.
매화나무 가지가 꽃을 피워내듯
일생동안 온다.

매화나무 가지를 흔드는 바람처럼
잃어버린 신발을 찾는 동안 열리기만 하는
門, 그 틈새로 헐벗어도 눈부신
아기로 온다.

언젠가 나는
태어나지 않은 별에게 노래를 들려준 적 있다.
오늘 뭐 하지, 묻기도 전에
한 점이 되어 날아간 초저녁별을
노래한 적 있다.

사라지는 별빛이 환이고
갑이었는지 모른다.

태어난 것을 모르는 노래가 태어나기 위해 돌아온다.
짧게는 몇 시간, 길게는 며칠

작은 얼굴들을 여러 개 만들어 순서대로 놀면서,
오래 사랑했던 사람들과 방금 인사를 나눈 벌레들과
헤어지는 순간을 연습할 때

일생동안 피는 꽃으로 온다.
한 잎, 한 잎, 꽃잎 떨구며 먼 우주에서 온다.
스스럼없이 온다.

제3부
단어의 세계

단어單語의 세계

늦은 눈 내리는 3월, 눈보라를 지나가는 감정이 있다. 몰려드는 눈갈기 손으로 털며 소복소복 쌓이는 눈을 밟으며 눈보다 빠르게 지나가는 표정이 있다.

대숲에 드는 눈설레처럼 흰 여백 채우는 발자국 소리

돌담 둘러친 동백숲에선 붉게 핀 애기동백 뚝뚝, 모가지를 떨구는데 가야 할 먼 곳 있다는 듯 죽음을 지나가는 형식이 있다.

그리움은 죽음보다 더 먼 곳에 놓여 있다고 오늘을 지나가는 저 사람,

심장이 녹기 전에 눈 속에 묻은 발목 지나야 한다. 3월에 태어난 눈사람처럼 비유比喩의 세계를 지나야 한다.

사람 닮은 한 덩이 돌덩어리로 굳어질까 봐, 눈사람은 우두커니 서서 울고 있는데 동백꽃 지는 밤을 지나가는 목숨

이 있다.

　말 걸지 말아줘, 나는 지금 햇빛과 사귀는 중야,

　불안의 울타리에도 꽃은 핀다고 눈물 고인 바닥에 돋아난 새싹! 백지에 찍어놓은 마침표처럼 눈은 그쳤는데 내린 눈만큼 겨울을 지난 네가 '나'였다

　눈사람을 지나간 '최소의 자립형식'이었다.

눈물의 품사

눈의 주파수는 버전에 따라 달라져요.
얼마나 자주, 얼마나 오래, 당신을 바라보았는지
오늘의 버전은 동굴,

중심부와 주변부를 끌어안는 동굴에서
강물의 역사가 흘러나와요.
강물 속에서 최초의 물무늬를 불러낸 건
당신인가요?

눈꺼풀과 속눈썹 사이 팽창하는 동굴,
내 눈 속의 새들은 깜빡이는 찰나에 우주를 왕복해요.

울지 마, 울지 마,
세상의 꼭 다문 입술들이 벌어져요.

그럴 때 당신은 눈이 낳은 감탄사

언젠가 나도 벽이라는 버전을 바꿀지 모르지만

찢어진 벽지처럼 나부끼는 나를 당신은 파문하지 않네요.

눈의 주파수가 반짝거려요.

파동이 길어진 나를 날개가 길고 짧은 꼬리를 가진
도요새라고 불러 주세요.

방금 하느님의 눈동자 속으로 날아갔거든요.

새장처럼 울기에 적당한 동굴을 가진
당신과 나!

개인적인 옥상

이것은 한글 자판기 같은 옥상 이야기다.

스카프의 매듭이 풀릴 때, 난간 밖으로 발을 디디는 서술이 있고 난간 안으로 도망치는 묘사가 있다.

난간은 왜 있는 걸까, 난간은 왜 안과 밖을 가르는 걸까,

차가운 몸속에 불을 지핀 고드름이 흘러내릴까 봐, 나는 아무에게도 비밀을 말하지 않는다.

가볍게 날아가는 나비, 중력을 고민하는 날개, 시인인 너를 생각하면 울고 싶은 옥상이 생겨난다.

죽기엔 먼 옥상, 옥상이 죽으면 어떻게 될까,

뛰어내려 본 사람은 안다. 옥상이 어디 있는지를…… 그 사람은 사회적으로 중요하지 않다. 틀림없는 개인이다.*

가로등 불빛이 미치지 않는 옥상은 옥상끼리 어둠을 나눈다, 스카프가 스카프인 것처럼,
　나는 나로 존재하고 싶다.

　스카프가 뛰어내리기에 좋은 옥상, 어느 방향에서든 나를 바라보는 내가 익숙해진다.

* 사르트르, 『구토』.

누에

생각에 파묻힌 나는 잠의 노예, 털 많고 검은 잠 속에서 개미로 태어난다. 잠에서 깨어나지 못하면 의자가 된다.

잠의 꼭대기에서 바닥으로 떨어지는 나는 의자의 노예, 잠이라는 서러운 벼랑을 지닌다. 잠의 벼랑에서 벗어나지 못하면 등을 곧추세운 붓이 된다.

강산이 네 번 바뀌는 동안 수치도 염치도 잠을 재우는 나는 붓의 노예, 눈은 오그라들고 꿈은 푸르러 잠에서 해방될 날을 기다린다.

단단한 잠에 묶여 급속히 늙어가는 나는 초록抄錄의 노예, 마디마디 주름진 길을 기록하지 못하면 뽕나무 이파리에 누더기를 매단다.

뽕나무 이파리에 목숨 거는 나는 누더기의 노예, 한 벌 두 벌 세 벌 네 벌 누더기를 벗을 때마다 죽음이 태어난다. 죽음을 벗지 못하면 무덤이 된다.

무덤 위에 똥을 누는 나는 비명碑銘의 노예, 한 올 한 올 죽음을 꿰맬 때마다 몸에서 뽑아낸 허공 길을 펼친다.

　바리데기가 온다. 바리데기가 온다. 비단옷을 걸치고 뽕나무밭으로 들어선다. 뽕나무 이파리에 날개가 솟구친다.

　"5무畝의 집 가장자리에 뽕나무를 심으면 50세 먹은 사람이 비단옷을 입을 수 있다"*고 얼싸 좋다 춤추는 바리데기

　잠의 문턱을 여는 나는 노래의 노예, 우주의 비단길을 꿈꾼다.

* 맹자.

블로거

  그는 걷는 자, 생각 속으로 걸어 들어가 자신을 방목한다. 밤눈 어두운 말을 타고 본 적 없는 이웃을 만나기도 한다.

  고독은 그의 반려감정, 벌레 먹은 밤이 나무에서 떨어질 때 외따른 곳에 다다른 그의 표정은 외로운 벌레, 상처를 드러내고 상처를 봉합하고

  부화된 외로움은 정지된 허공을 열어 도착하지 않는 어제의 풍경을 불러오거나 미리 온 내일을 풀어놓는다.

  새가 들어 있는 그림엽서처럼 지구 바깥으로 안부를 날려보내기도 한다.

  발자국을 따라가 보면 꽃과 나비와 그들을 키운 숲이 들어 있다. 어떤 숲이 좋니, 그는 별빛에 질문한다.

  그의 목록에 첨가된 별의 선택은 그가 죽은 뒤에야 확인되는 것, 몇 광년을 지나야 들을 수 있는 대답이어서 경계

없는 지경의 나무들은 늘 별빛에 목을 매단다.

　전선 줄에 매달린 물방울처럼 언젠가 떨어져 내릴지 모르지만, 그는 걷는 자, 못 하는 일이 없다. 안 하는 일이 못하는 일이다.

　그는 전지전능하다. 전지전능하다고 믿는다. 그래서 그는 삼인칭으로 불린다. 나도 내가 아닐 때 3인칭이다.

　그는 날마다 삼인칭을 데리고 산책한다.

　반갑습니다, 만나는 사람마다 꼬박꼬박 인사한다. 누군지 모르므로 더욱 다정하게 인사한다. 인 사이트에 아웃사이더가 없다.

독자讀者

 한 문장 속에는 눈, 코, 입 같은 여러 개의 문門이 달려 있습니다. 열거나 닫힐 뿐인 문門은 상징일지 모르지만, 문門이 있다는 건 나를 안내하는 자가 있다는 것

 더 빨리, 더 간절히, 문門을 열려는 이들도 있습니다. 그럴 때 문門은 계단이 필요합니다. 뛰어내리거나 뛰어오를 계단이 준비되었다면 문패門牌와 같은 알레고리를 열어야 합니다.

 이를테면, '열려라 참깨'와 같은 주문主文을 지나야 합니다. 아, 저런! 잘못된 문問이 문聞을 통하여 수치를 갖는군요. 그럴수록 패牌를 쥔 손이 밑줄 긋습니다

 속독速讀을 좋아하는 사람들은 단번에 담장을 넘습니다. 페이지 뷰를 원하는 사람들은 한 장면에 오래 머물러 있기를 좋아하구요.

 반복적이거나 인상적인 문장紋章에 집착하는 건 오래된 습관이지만, 떠나지 못하는 사람들, 떠날 수 없는 사람들이 있다는 것은 장미처럼 붉은 심장心臟에 대한 신앙심 때문입

니다.

 문門에 대한 믿음이 없다면 구름에 대해 고민해 보세요. 구름은 제멋대로 하늘을 흐려놓지만, 별이 반짝이는 밤하늘은 아름다운 문장文章이잖아요?

 꼬리가 긴 최초의 문장門帳이 탄생합니다. 사라지는 별똥별에 당신은 여러 개의 문吻을 매달아 둡니다.

 그 문門이 죽음으로 들어가는 길이라고, 얼굴을 현실에서 돌려 제2의 현실에 파묻고 있는* 신생아들을 위해 궤도를 수정하기로 합니다.

 빠르게 문門이 열릴 때 당신은 차단됩니다. 나는 문門을 여는 사람, 당신을 읽는 최초의 얼굴입니다.

* 릴케의 시 「책 읽는 사람」.

저녁의 공중제비

각도를 오도한 손바닥이 저쪽에서 이쪽으로 나를 넘겼다.

몇 사람은 뛰고 몇 사람은 걸으면서 저녁의 방향을 의심했지만, 이쪽에서 저쪽으로 건너간 사람들을 생각할 틈도 없이 잘못 읽은 공중이 손바닥에 놓였다.

넘어진 방향이 공중을 돌아오는 건 몇 광년을 건너는 일,

잘 묶이지 않는 시간의 다발처럼 방향이 몸을 트는 순간이었고, 바닥에 매달린 컴퍼스처럼 나는 그냥 허공을 한 바퀴 돌았을 뿐인데, 정류장을 막 출발한 별빛처럼

가슴에서 배꼽으로
아래의
아래로
흘러내리는
바닥이 만져졌다.

나의 노래가 별의 귀에 닿았으면, 나의 울음이 별의 눈동자를 범람시켰으면, 온갖 벌레들이 바글거리는 항아리 속으로 고개를 처넣은 것처럼

　바닥보다
　더 깊은 바닥을 뚫고 내려가
　나를 파내었다.

　손가락이 자라기 시작한 건 바닥이 몸을 넘은 그때였을 것이다.
　내가 내 몸을 때려 아픔을 잠재우던 그때였을 것이다.

　저녁을 사랑한 죄를 고백했을 뿐,
　허공의 방향을 놓친 슬픔에 대해서 방향을 붙잡고 일어서던 마음에 관해서도 말하지 못했던 그날,

　철봉 옆에 서 있던 상수리나무는 변함없이 흔들렸고 저녁의 이마에 흉터가 돋은 것 외에 달라진 것은 아무것도 없었다.

순간의 나무

 신호등을 사이에 두고 마주 오던 차와 부딪혔다. 앗, 하고 비명을 지르는 순간, ㅇ와 ㅏ와 ㅅ이 제각각의 속도로 튀어나갔다.

 분절음에 틈이 생겨난 순간, 구경꾼이 몰려오고 앰뷸런스가 달려왔다.

 ㅏ에서 ㅅ으로 ㅇ을 밀어낸 찰나의 얼굴 본 것 같은데 쓰나미에 휩쓸린 사람처럼 폭풍우에 휘말린 사람처럼 내가 사라졌다.

 사라진다는 건 주소나 장소를 옮긴다는 말

 잭의 콩나무처럼 두 발의 권리를 공중으로 이전한다는 나무의 말이어서 벌어진 공간과 시간 사이 연락소가 없는 나와 나 사이 알 수 없는 나무가 자라났다.

 공기주머니를 안은 나의 보금자리와 벌레의 집은 동일同一

하고 햇빛에 세금 매긴 나의 목숨은 여일如一하니

   죽음과 삶이 서로를 비추는 순간, 순간의 영원, 영원의 순간 속에 나를 매단 나무는 얼마나 관대한가,

   내가 사라질 때까지 나를 깨트리지 않는 거울 속으로 나를 이끈 나무는 얼마나 다정한가.

숲

너는 한 번도 나를 마중 나오지 않는다. 등을 돌리거나 달아나지도 않는다. 나의 그늘을 판단하거나 분석하지도 않는다.

너는 너대로 나는 나대로 생각의 숲을 이룰 뿐, 빗소리에 잠겨 걸을 때도 낙엽 진 길을 밟고 간 사람이 내 안에 있다는 것을 말하지 않는다.

칡넝쿨을 따라가다 보면 바람 부는 세상이 온통 굽어 있는 것을 보게 된다.

아아, 만목의 자세처럼 풀리지 않는 의문이 키 큰 교목을 죽이고 그렇게 너를 의지하다 보면 관목에 걸려 바둥대는 새처럼 나도 울게 되는 것일까,

너는 수만 마리 물고기 떼를 이끌고 온다. 쏴아. 쏴아아~, 적도의 결계를 바꾸는 물결 소리로 윤슬에 빛나는 바다를 뒤집는다. 그럴 때, 나는 소리에 갇힌 섬이 된다,

고단한 사막이 너를 등지고 걸어나간다. 우연히 부딪힌 초라한 생각에 나는 그만 무서워진다.

스스로 존재하거나 저절로 이루어지는 길이 있다는 것 외에 너의 표정과 감정을 알지 못한 나는 너에게 닿는 길을 알지 못한다.

안녕하세요? 마주 오던 사람이 손을 내민다. 섬배롱나무처럼 입과 귀를 연 우리는 서로의 나무가 된다. 외로움은 결코 혼자 사는 것이 아니구나,

노을이 지고 있었고 쏟아지는 어둠 속에 오래도록 서 있었는데, 흰 꽃을 활짝 피우고 있는 네가 있었다.

너는 나의 육신을 흠향하고 나는 너의 침묵에 귀의한다. 너는 나의, 새로운 종교, 연둣빛 성전이 하늘거리기 시작한다.

낙엽 사용증명서

한 장의 낙엽을 주워 들 때
낙엽의 허무와 빛깔을 찬양할 때
아름답게 물든 계절이
시들어간다.
낙엽을 주워 들 때의 감정과 감각이
불행이란
단어를 달고 사는 건 아니다.
헤어지자는 너의 기별을
낙엽의 명예로 잘못 읽은 일
어느 여름날,
너에게 물들어간 나의 불행은
푸른 잎사귀를 고집하는
가지의 상상에서 시작되었는지 모른다.
겨울 숲에 가서 들어보아라.
빈 가지를 흔드는 바람 소리를!
그 떨림이 우리를 흔드는 건 아니다.
수식을 좋아하는
숲의 의지와 상관없이

나무는 나무로서 바람은 바람으로서

낙엽의 운명에 공감할 뿐

우리의 부재를 말하지 않는다.

한 장의 낙엽이 언제나

불행에 집중하는 건 아니다.

한 장을 넘기면

또 다른 장면이 시작되는 것을

책갈피로 꽂아둔 낙엽은

안다.

정오正午

오래전부터 거기 있었다는 듯 너는 즐겁게 붙들려 있다.
어떤 일이 있거나 있을 것처럼 상냥하게 붙들려 있다.

News가
펑퐁 같이 오고 간 말의 정오正誤를
빗발치듯 쏘아 보낼 때

무기력한 티브이, 고장 난 자동차로 마비된 네거리
초록으로 무장된 비무장지대에도
너는 자세하게 붙들려 있다.

너는 불타는 편자編者가 되려 한다.
흑점이 가려지는 순간, 금빛으로 타는 불립문자를 번역하려 한다.

그림자와 하나 되는 그 순간이야말로 빛이 채찍을 휘두르는
정각正刻이므로

햇살은 튀면서 정오의 시그널을 연주한다.
지구 레코드, 낡고 오래된 LP판을 돌린다.

우리는 그때 그늘을 몰랐으므로
발뒤꿈치를 들어 비행운이 지나간 구름 저편을 바라본다.

병든 구름이 노른자와 흰자가 뒤섞인 세계를 낳는다.
시계는 다시 발을 굴리고 세탁기는 구정물을 튀기며 돌아
간다.

행복하자 우리, 지금, 여기, 있으므로.

오래전부터 거기 있었다는 듯 태양은 즐겁게 붙들려 있다.
아무 일도 일어나지 않은 어제처럼,

경우의 수數

 사람이 만난 최초의 언어를 시詩라 한다면, 사람이 만난 최후의 언어가 시인詩人이라 한다면,

 최초의 언어와 최후의 언어가 만난다면

 꽃이 된다. 꽃병이 된다. 새가 된다. 새장이 된다. 나무가 된다. 숲이 된다. 문이 된다. 벽이 된다. 밥이 된다. 죽이 된다. 붓이 된다. 검이 된다. 벼락이 된다. 옹이가 된다. 굴뚝이 된다. 굴뚝새가 된다. 섬이 된다. 등대가 된다. 자선가가 된다. 사업가가 된다. 창녀가 된다. 교주가 된다. 백수가 된다. 백발이 된다. 유령이 된다. 괴물이 된다. 천사가 된다. 악마가 된다. 위성이 된다. 외계가 된다. 아침이 된다. 저녁이 된다. 반죽이 된다. 발효가 된다. 무진장이 된다. 무저갱이 된다.

 위의 조합 중, 시인是認의 모습을 보여주는 경우는 몇 개입니까?

동대 입구

 정오의 태양을 붙들어 맨 텅 빈 테니스장, 학교가 파한 아이들 둥근 머리가 테니스공처럼 날아다니는 장면과 장면 사이에 있다 동대 입구

 가랑잎 몰려가는 그곳으로 들어서면 정문이 있고 삼문三門 중, 큰문으로 가는 벼슬아치처럼 동대로 가는 차들은 한결같이 그곳으로 올라간다.

 해가 떠오르는 방향으로 등을 돌리면 동대 입구는 산으로 가는 길을 낸다. 상아탑 만큼 오르기 힘든 오솔길은 가고 없는 소월을 향해 보이지 않는 길을 낸다.

 가시덤불과 쑥구렁 사이, 함초롬히 놓인 동대 입구, 나는 그 입구에서 아들의 상처를 만진다.

 축축한 지면에 닿아 검게 부식되어가는 가랑잎처럼 긁어 부스럼 난 슬픔을 만져본다. 수액 돌지 않는 계절이 검은 꽃 피워냈나,

엄마, 동대 입구로 와요, 국립극장 앞으로 오든지요. 아토피가 덕지덕지 피워낸 꽃송이 몸에 달고 빼빼 마른 나무처럼 서 있는 아들

　죽을 만큼 아픈 꽃의 염증에 견디지 못한 아들아이가 병가病暇 내던 날, 향기 나지 않는 열꽃의 언저리로 나를 불러낸 아들아이와 나는 남산길을 오른다.

　얼마나 많은 가랑잎을 밟았을까, 지구라는 광활한 숲을, 몇 바퀴 돌았을까,

　가을에서 겨울로 건너가는 계절이 가랑잎을 셈하는 동안, 동대 입구는 내가 읽은 아들아이의 가장 첫머리에 꽂아둔 책갈피가 되었다,

　동대 입구에는 가랑잎 앉았다 가는 벤치가 있고 가랑잎을 떨구는 나무가 있고 가랑잎처럼 쓸쓸한 벤치를 끌어안은 공

원이 있다.

그 벤치에 새잎 돋을 때까지 걸어가는 나무가 있다.

제4부
인형들의 도시

인형들의 도시

언제부턴가 왼쪽이 아프다.
기침하면 왼쪽 가슴이 쿨럭이고
고개 돌리면 왼쪽 등허리가 땡긴다.
어떤 권력이 점거했는지
어떤 부조리가 관여했는지
미세먼지 같은 대답을 듣는 날에는
목줄까지 뻣뻣하다.
내 몸의 기득권자는 누군가요,
내가 아닌가요?
당귀즙을 앞에 놓고 외쳐 보아도 단단한 근육질에 묶인
도시는 오른쪽으로 돌아서지 못한다.
어쩜 여기는 인형들의 도시일지 몰라,
선반 위에 놓인 목각인형처럼 사지를 내려놓고
빙그르르 돈다.
누가 총을 들이댄 것도 아닌데
네, 네, 그렇군요,
유리 벽에 박힌 나를 보려고 선 채로 돈다.
움직이는 벽에 애걸하듯 산 채로 돈다.

고통의 계단을 높이는 건 누구일까,
계단 위에 놓인 목에 붕대를 감고
계단 아래까지 내려간다.
어느 쪽에도 유리한 증언은 하지 않겠어요,
당신과 나는 경계에 서 있을 뿐이니까요,
구어체의 문 앞에 문어체인 당신은 대답이 없다.
택시를 탄다.
윈도 브러시는 좌우지간 안개 흐르는 길을 지우는데
어느 병원으로 모실까요,
앞만 노려보는 내게 운전기사가 물어본다.

글쎄요, 어디로 가야 할지 모르겠어요!

절망

솔직히 말한다.

나는 네가 먼 별로 떠난 것을 믿지 못한다.

지구가 푸른 유리구슬 같다고 우주선을 탔던 사람들이 돌아와 말했을 때
너와 나는 지구에 불시착한 바이러스라고,

그러니, 떠난다는 말은 하지 말자고, 바이러스 천국을 용서했잖니?

솔직히 말하자.

나는 너를 볼 수 없고 너도 나를 기다리지 않는다.

힘내, 라고 위로해 봐도 나는 너에게 따뜻한 서정시 한 편 건네기 어렵고
사랑해, 속삭여 봐도 너를 사랑한 일이 거짓인 것 같다

기다림의 정서는 풀만 무성한 벌판, 기다리는 방식은 풀피리가 되는 일,
묻는다. 들판에 퍼지는 풀피리 소리가 너는 좋으냐!

솔직히 말한다.

햇살은 어제보다 더 투명해지고
여름에서 가을로, 새를 날려 보낸 나무는 계절을 새로 만드는데

근황의 세계는
기다림이 시드는 세계, 서정이 사라진 세계,

"마당의 구부러진 나무가 토질 나쁜 땅을 가리키고 있"*을 뿐
나도 너도 우리를 기다리지 않는다.

* 브레히트의 詩, 「아우슈비츠 이후 서정시는 불가능하다」에서.

마리우폴의 사과밭

닫힌 문을 억지로 밀고 들어서는
너를 본 순간,
썩은 사과를 한 손에 든 마녀를 본 것처럼
깜짝 놀랐어,

너의 미래가
나의 미래인지 모르지만
죽음을 향해 자연스럽게 문을 여는
세계를 잃어버린 탓일까,

아침 대신 사과를 먹으려고
사과 껍질을 벗기는데
귓가에 들리는 포성과 사람들의 울부짖음
뒹구는 사체 위
주인 잃은 개들이 헤매네.

죽음 같은 건 도처에 널려 있잖아,
너는 아무렇지도 않게

자가 격리 중인 탱크를 데리고
기침과 고열에 뒤섞인 총을 앞세워
사과밭의 미래를 따져 묻네.

아무도 몰래 먹는 사과도 아닌데
사과에 총을 겨누다니!
미쳤나 봐, 이럴 수가 있을까?

그때, 나는 순식간에
손에 든 푸른 사과가 썩어가는 걸
본 것 같았어,

썩은 사과를 제대로 읽기 위해
나무는 썩은 부위에 암호문을 매달지.
그곳이 죽음으로 들어가는 길이라고,
진실眞實은 입에서 입으로
전해지는데

정물화처럼 재해석한 사과는
썩지 않는다고,
너는 쟁반 가득 담긴 붉은 사과를 보여주네.

썩은 사과를 오독誤讀한 문장은
비유比喩의 정품正品이 아니라고
세상은 말하지.

뜨거워진 땅과 바다를 건너온
너는 포연으로 가득한 봄이라고
사과나무를 모욕하네.

사과를 먹기 전
사과꽃 피는 계절을 수정하자,

마리우폴, 푸른 사과밭이여,
나는 이곳에서 사과를 먹고
그대는 멀리 있지만

가책 없이 죽음을 맞이해 온 날들을 사과하네.

우리들의 눈물, 마르지 않는 흔적이
열매에 맺힌다 해도

마리우폴, 푸른 사과밭이여,
아무리 짓밟혀도
그대는 다시 살아나는 나비들의 천국이라고,
사과나무는
삼각형의 미래를 탈고脫稿하네.

죽은 조개껍데기(死殼)의 꿈

  버려진 시골 땅에 컨테이너 하우스를 짓자. 금방 완성되는 꿈처럼 뚝딱,

  고집스런 두 개의 쇳덩어리를 살살 달래면, 팔다리를 마음껏 안아주는 하우스가 되겠지. 아집 고집 다 버린 귀에 못을 꽝꽝 치면, 어떤 바람에도 흔들리지 않는 사내 같이 겉은 무뚝뚝하고 속은 여린 얼굴, 무표정한 표정엔 세모 네모 동그라미 모양을 지닌 눈을 내자. 어떤 풍경도 바라는 대로 편집되겠지. 대패로 민 눈썹 아래엔 낡고 오래된 피아노를 들여놓자. 아침마다 건반 위에 새소리를 풀어 놓겠지. 개울 너머 산자락까지 끌어당기면 우수수 쏟아지는 바람 소리도 낮은음자리에 걸리겠지. 살다가 싫증 나면 운반 트럭 위에 떡하니 올려놓고 바람 따라 길 따라 달려가도 좋을 거야, 금강산 지나 시베리아 지나 노르망디 해협 건너 수선화 핀 이니스프리 호숫가로 가자. 아주 오래전부터 서 있던 낡은 창고처럼 시치미 떼다 누가 찾아오면, 수선화밖에 난 몰라요, 문을 쾅 닫자.

두 눈을 감고 뚝딱, 꿈을 짓는데 속보가 터진다.

"방금 들어온 뉴스입니다/영국 워커글레이드 산업단지에서 컨테이너를 발견했다는 신고가 들어 왔습니다/10대로 추정되는 1명 등 39명이 있었는데 모두 사망한 상태로 알려졌습니다"

아, 내 뇌가 죽은 조개껍데기(死殼)를 닮았다니, 사각死角을 지닌 머리를 들 수가 없다.

디스토피아Dystopia

두족류도 고통을 느낀다.
오징어나 게를 삶을 때 통각 신경을 마비시켜 죽인 다음 삶아야 한다.

오징어를 삶으려는데 티브이에서 흘러나오는 말을 듣는다.
들고 있던 오징어가 끓는 물 속으로 빠진다. 앗 뜨거!
평소에는 듣지 못했던 오징어의 비명이 냄비 속에서 요동친다.
온몸이 덴 것처럼 육신 밖으로 육성이 흘러넘친다.

지옥이다. 수족이 오그라들고 몸통이 찌그러든 모양이 드라마
'지옥'에서 보았던 지옥의 모습이다.
여긴 인간이 세계라고, 하느님도 부처님도 개입할 수 없는 감정의 세계라고
육신을 지옥으로 내모는 사람들, 그들이 휘두르는
몽둥이가 열탕이었다.

구체적인 대상이 없어 불안했던 몽둥이는 호모사피엔스의 도구,
먹고 살기 위해 짐승을 때려잡던 도구였지만 인간의 맞춤법에
神의 이름을 붙인 몽둥이는 감정을 오독한 나무토막이었다.

"생명은 어디에서 태어나고 무엇 때문에 주어졌으며
무슨 이유로 존재하는가"
천국의 존재를 물을 때마다 허기의 입구에서 서성거리는 나의 질문은
제단 위에 받쳐진 번제물일 뿐

분노는 보호색을 띤다고 들끓는 물을 변명했던 냄비도
싱싱하게 삶아진 오징어를 먹던 나의 감정도
통각을 외면한 몽둥이가 아니었을까,

모르겠다!
산 채로 삶아지는 것과 죽은 채로 삶아지는 것

어느 쪽이 맛있는 죽음인지. 어느 쪽이 우리가 사는 세상의 정의인지.

* 톨스토이, 『안나 카레니나』.

베갯머리 송사

　쇼트커트를 한 나무들이 지면에 즐비해요. 전기톱을 실은 트럭이 추억의 가지들을 쳐냈다지요.

　오소리 목덜미에 오소소 소름 돋은 오늘 새벽엔 추억에 올가미를 매단 박새가 느티나무 둥치에 감쪽같이 새끼를 깠대요. 난생의 둥근 울음들로 공원이 떠들썩했대요.

　공원 지나 푸른 미용실 유리창 너머 엊그제 자살을 시도한 젊은 벚나무의 우울증에 대해 입소문이 분분해요.

　미용실에 통째로 들어앉은 벚나무의 사인死因이 타살일지 모른다고, 때 없이 찾아온 남자가 용의선상에 올랐다나요.

　태양이 무슨 귀띔이라도 해주지 않을까 구름이 유리창을 여러 차례 들락거렸다는데 미용실은 하루 종일 뭉게뭉게 피어나는 구름만 파마했대요.

　시간을 너무 세게 코팅했다나 봐요. 자줏빛 노을이 목덜미에 흘러넘칠 때, 더 이상 자라지 않는 발목이 골목을 끌고 네거리 쪽으로 사라졌대요.

　사춘기 고양이가 가출하는 밤이에요. 금일 휴업, 내일 폐업, 쪽지를 붙인 푸른 미용실에 가보셨어요? 밤의 속눈썹에 걸린 초승달이 서쪽으로 기울어진 가게 문을 닫고 있었다는데……

　여보, 벚나무가 앉아 있던 푸른 미용실을 기억해 주세요. 그녀의 하루를 갉아먹던 벌레가 누구였는지, 나비였는지, 벌이었는지

　은행나무 열매가 떨어질 때까지 살아 있자고 맹세했던 나였는지 당신이었는지 삶과 죽음의 거리가 모호해진 우리는 아무 말도 하지 말자고 우물 뚜껑을 덮었잖아요.

　먼 별빛이 두레박 내리는 소리, 찰박거리며 우물물 퍼 올리는 소리, 귓바퀴에 감기는 혼몽에 잠을 설쳐요.

여보, 머리를 맞댄 이 베개가 우주라니, 우주를 유영하는 잠처럼 내게 오는 별빛을 눈 뜨고 볼 수밖에 없지 않겠어요?

우화羽化

 제인은 벌레를 눌러 죽였다. 유일한 놀이, 습관이 되어버린 그것을 취미라고 불렀다. 벌레의 총량을 헤아리듯 제인은 콧노래를 흥얼거렸다. 날개가 돋을 것처럼 겨드랑이가 가려웠다. 겨드랑이를 아무 데나 놓아두고 제인은 죽은 벌레처럼 잠들었다.

 밥만 축내는 이 벌레야, 아버지가 구부려 자는 제인을 걷어찼다. 등줄기를 찍는 구두가 여러 짝으로 변할 때마다 제인은 이를 악물었다. 아버지가 아이 아버지의 구두를 신고 있는 것은 하나도 이상하지 않았다. 이전에도 그 이전에도 아버지는 여러 짝의 구두였으니까.

 갓난아기를 돌보는 동안 제인은 먹지도 않고 배설조차 하지 않았다. 발자국이 어지럽게 놓인 마룻바닥에서 아이가 애벌레처럼 꿈틀거렸다. 제인은 재빨리 아이를 눌러 죽였다. 반으로 준 몸무게 때문에 정신이 깜빡거렸지만 가벼워진 의식은 날아가는데 충분한 무게였다.

훨, 훨, 날아갈 거야, 제인은 난간을 딛고 조용히 웃었다, 삐걱거리는 이층 난간을 열고 바깥으로 들어갔다. 눈부신 바깥, 조리개를 여닫는 눈동자가 겹눈이 되어갔다. 제인은 활짝 날개를 펴고 공중으로 뛰어올랐다. 아이 아버지의 구두가 아니, 아버지 구두가 뛰어 올라오는 소리가 들렸다.

제인은 쉬지 않고 날개를 저었다. 쿵, 허공과 부딪히는 소리가 들려왔다. 푸른 하늘이, 한 번도 보지 못한 푸른 하늘이 이마에 닿을 듯 펼쳐졌다. 아파트 화단 가에 구두 한 짝이 떨어져 있었다. 흰 나비 한 마리가 나풀거리며 날아와 앉았다.

암전된 화면 속의 우화寓話를 본 것처럼 사람들은 아무도 나비를 보지 못했다.

이것은 파이프가 아니다*

키스할 때 코는 어디다 두죠?
당신의 입술이 코의 행방을 물어 왔을 때
봄이 왔다.

꽃 보라 날리듯 비말飛沫 뿜는 봄의 숨결은
뜨겁기만 한데

마스크 속에 숨은 코는
찬피동물처럼 살려고, 살아내려고
몸부림친다.

괜찮아요, 당신?
당신의 안부를 발로 찬다.
사랑의 얼굴을 내면에 숨긴 발길질은
보노보식 인사,

그럴 때 당신의 코는 너무나 멀리 있다.
내가 모르는 대륙에 있는 것 같다.

몇 개의 대륙을 건너야 입술에 닿나,

절정에 목숨 건 꽃나무처럼
사랑은 죽음을 만발하게 피워내는데
꽃향기 날리는 봄날의 키스는
오리무중五里霧中!

코의 행방을 찾기까지
당신도 나도 마스크를 벗지 못한다.

* 이미지의 변용, 르네 마그리트 1929.

어떤 첫눈

코로나 확진자 천 명 넘은 날, 첫눈 내린다.
주수병 뚜껑처럼 반짝, 빛나는 햇살 너머 물기 많은 눈은
꼬리 치다 죽은 개처럼 말라가는데

가랑잎 다녀간 음압 병동 위 난간에 붙들린 체념의 얼굴에도
눈은 내려
바스라진 낯짝은 얼어붙을 날만 기다린다.

독한 눈물로도 적셔지지 않는 세상 향해 장례미사 지내듯
분주히 날아든 저, 눈발은
무엇을 덮으려고 벌레처럼 쌓이는 거냐,

죽지 못한 나무에 붙어 있는 깍지벌레처럼
남은 목숨 갉아먹으려고 죽은 듯 엎드리고 있는 것이냐.
갑자기 살아나서 하늘마저 숨기려는 것이냐,

가장 먼 거리에서 날아온 조종사의 첫사랑처럼

마음 깊은 곳까지 다녀가려는 것이냐.
아직도 이별 못한 슬픔 전염시키려는 것이냐.

하필이면 오늘, 골방 속에 묵혀둔 먼지투성이
면사포 꺼내 들어 잠들지 못한 무덤 덮는 것이냐.
하얗고 무심한 유령처럼 내 마음의 무덤
파헤치는 것이냐.

나, 첫눈 속에 숨어 그대 기다리는데
그대 다녀간 발자국 지우려는 것이냐.

코로나 19, 펜데믹

이것은 전선 없는 전쟁, 총구 없는 봄이 붉은 꽃 피워내는 능선을 넘네. 남반구에서 북반구까지 번지는 꽃 소식, 별과 나 사이, 거리 두기가 되지 않네.

이것은 총성 없는 전쟁, 누가 겨눈 것인지 사상자가 속출하네. 최신 무기를 장착한 바람이 떨어진 꽃잎의 숫자를 기록하는 동안, 음 소거, 죽은 자의 비명은 들리지 않네.

이것은 대상 없는 전쟁, 방구석에 틀어박힌 내가 나와 싸우는 동안 적군인지 아군인지 나를 알 수가 없네.

수없이 침 뱉고 쉽게 열 받는 세상이 역모한 것일까,

겨울이면 창궐한다는 이 전쟁이 봄이 오기도 전에 나를 다녀간 것 같아서, 나도 모르게 여러 번 다녀간 것 같아서, 상상이 불안보다 무겁고 죽음보다 삶이 두렵네.

언제 끝날지 모르는 전쟁터에서 살아야 할지, 죽어야 할지, 알지 못하는 몸과 마음이 격리된 채 봄의 문턱을 넘네.

　여기저기 떠도는 "걱정은 가장 심각한 전염병"*

　얼굴색이 달라도 쓰는 말이 틀려도 죽은 자도 산 자도 하나같이, 푸르게 빛나는 지구별 속의 여행자여서

　안녕하신가요? 허 온도가 내려갈수록 뜨거워지는 계절이 무심해질 뿐, 종전終戰을 기다리는 자연이 무섭지 않네.

* 스마일리 블랭턴(미국의 정신분석학자)의 말.

오늘의 나무

오늘은 마스크 사는 날,
생일 끝자리 번호가 같은
준이와 나는 약국 앞으로 간다.
약국 문은 열리지 않았는데
길게 늘어선 사람들,
껍질 벗은 뱀처럼 몸 비틀고 있다.
벚나무 가지에 걸린 계절은
시간이 지겹다고 톡톡,
꽃망울 터트리는데
열리지 않는 시간 두드리다
노랗게 질린 민들레 옆에 주저앉는다.
준이를 무릎에 앉히고
위아래, 위, 아래, 시간을 오르내린다.
와! 흔들의자다,
어린 연인의 뒤통수가 허공을 흔든다.
가는 것일까, 오는 것일까,
시간의 발자국은 보이지 않는데
할머니, 앞으로 가야 돼요~

준이 발이 허공에서 동동거린다.
시간을 밀 듯 준이를 내려놓고
무릎 의자 된 기다림을 일으켜 세운다.
자, 이제 우리 차례다!
늙은 벚나무 우듬지에서 솟아난 새싹,
한 몸인 듯 유리문에 박힌다
기다림엔 나이가 없다.

신뢰의 배경

내 코는 나를 믿지 않아요. 내 코는 고정관념과 선입견을 가진 구멍만 믿으려 해요. 고장 난 파이프처럼,

내 코는 자꾸 나를 버리려고 해요. 갈 곳도 없으면서, 나의 신뢰를 자꾸 벗어나려고 해요.

의사는 말하죠. 그들이 어디에서 흘러왔는지 알 수 없다고, 또 다른 의사는 말하죠. 신뢰는 수술할 수 없다고,

꽃향기만 맡아도 재채기가 나오는 그 말을 들은 후부터 파이프가 구멍을 버린 것처럼 코를 버립니다.

코를 버리는 일은 유행 중인 근황이라서 마스크 속에 코를 감추는 일이 최대한의 조치랍니다. 안녕하세요? 마스크를 쓴 사람들과 마주칩니다.

그들이 어떤 구멍을 가졌는지 알 수 없는 나는 마스크를 쓰는 대신, 아무도 없는 빈집에 숨어 코가 돌아오기를 기다

립니다.

 그렇게 기다리다 죽는다 해도 마스크 쓴 세상보다 낫지 않겠어요?

 그래요, 세상은 썩고 냄새나는 코를 가졌어요. 하얀 물질로 가득 차 있는 뢴트겐 사진처럼, 보이지 않는 구멍마다 검은 개울이 흘러요.

 내 마음속 코에도 개울 같은 의심이 흘러넘쳐요. 내 마음이 반듯한 이목구비를 가졌으면 좋겠어요.

 뭉게뭉게 번식하는 저, 붉은 구름을 후려칠 신뢰는 없나요? 뇌성벽력같은 신의 몽둥이는? 퍼내도 줄지 않는 샘물처럼 신뢰하는 신의 후각을 세상은 말릴 수 없겠죠!

전유專有

버려진 꽁초 더미에서 조금 더 긴
토막을 찾는 것은
길에서 토막잠 자는 사람들의
전유만은 아니다.
침상에서 막 깬 로열 코펜하겐
푸른 꽃무늬 찻잔으로 해피 모닝 마시는
당신도
유리 재떨이 속을 뒤져
그것을 받쳐 든다.
침과 재로 더럽혀진 꽁초를 집어 들고
자랑스럽게 불을 붙이는
당신의 꿈은
어제보다 긴 골목을 찾아내는 것
그럴 때 입술은 구멍이라는 기호를 버려도
결심을 선택적으로 통과시킨다.
한순간을 버티는 결기 같은 것
마지막 도유塗油처럼 끈적거리는
촛불이 들어 있을 것 같아

나는 공포를 본다.

죽음마저 끊을 수 없는

우리는 점점 꽁초가 되어간다.

미세먼지처럼

나는 법도 날아갈 줄도 모르면서

내일은 죽음을 끊을 거야,

식민지가 된 세계의 폐부를 향해

끊임없이 유감을 표하면서.

강영은의 시세계

자연 서정과 도시 풍자, 시간성의 주제와 언어적 매개의 방법
— 강영은의 네 가지 시적 양식과 그 중층적 복합성

오형엽

(문학평론가, 고려대 교수)

　강영은의 시는 두 권의 서정 시집에서 출발하여 세 번째 시집 『녹색비단구렁이』(종려나무, 2008), 네 번째 시집 『최초의 그늘』(시안, 2011), 다섯 번째 시집 『풀등, 바다의 등』(문학아카데미, 2012), 여섯 번째 시집 『마고의 항아리』(현대시학, 2015) 등을 경유하고 일곱 번째 시집 『상냥한 시론』(황금알, 2018)을 지나 여덟 번째 시집인 『너머의 새』(한국문연, 2024)에 도달했다. 첫 시집에서 여덟 번째 시집에 이르기까지 강영은의 시는 시적 형식과 내용의 양 측면에서 연속성과 변모를 동반하면서 다양하고 복잡하게 전개되어 왔다. 이 과정에서 강영은의 시는 선행 비평가들이 유효 적절히 언급한 대로 몸에 새겨진 기억과 감각, 궁극적 자아 탐구와 심미적 욕망의 형식, 언어에 대한 자의식(유성호), 귀거래의 형식과 신화적 상상력, 주름과 그늘의 깊이, 보이지 않는 것에 대한 탐색(이재복), 가면·상처·반야로서의 사랑, 사랑의 양력과 부력 사이에 기입된 존재의 주름과 휨, 에토스이자 미토스로서의 사랑(김석준), 심미적 주관성을 투사하는 '그려지는 이미지', 중력과 부력이 작동하는 주술 관계의 도치와 품사의 의도적 오용, 비선형적 각도로 굴절되는 전도와 전복의 방법론(홍용희) 등의 시적 특성들을 보여주었다. 여덟 번째 시집인 이번 시집은 이처럼 다양하게 분기되고 복잡하게 얽히면서 전개되어 온 여러 갈래의 시적 물줄기가 하나의 바다에 수렴되고 결집되면서 강영은 시의 원형적 범주를 큰 틀에서 오롯이 드러내고 있다. 이 원형적 범주는 마치 여러 줄기의 강물이 끌어온 모래들이 드넓은 바다에 모이고 침전된 후 누적되어 솟아오른 네 개의 섬처럼 이번 시집의 전체적 구성을 이루는 1부, 2부, 3부, 4부라는 네 개의 영역으로 형상화되고 있다.

이번 시집의 구성을 전체적으로 조망하면 1부는 시적 화자가 자연물을 대상으로 삼아 존재론적 자기 성찰 및 초월적 상상력을 전개하고, 2부는 시적 화자가 시간성의 주제를 시적 모티프로 삼아 우주와 존재의 근원적 관계성을 탐구하며, 3부는 시적 화자가 언어적 매개를 시적 모티프로 삼아 세계와 자아 및 시작詩作의 방법론을 탐구하고, 4부는 시적 화자가 도시적 현상이나 상황을 대상으로 삼아 현실에 대한 냉소적 풍자를 시도한다. 필자는 시집의 구성에서 1부와 4부가 강영은 시 세계의 근간을 이루는 시적 양식의 양대 산맥이라고 간주하고, 그 각각을 '자연 서정'과 '도시 풍자'라고 명명하고자 한다. 좀 더 구체적으로 말하면 1부에 수록된 시들은 '존재론적 성찰과 형이상학적 탐구를 시도하는 자연 서정', 4부에 수록된 시들은 '디스토피아적 냉소와 형이하학적 탐구를 시도하는 도시 풍자'라고 부를 수 있을 것이다. 한편 2부와 3부의 시들은 양극적 대척점에 놓인 두 시적 양식 각각의 내부에서 시적 주제나 언어적 매개의 위상을 가지면서 '구조화 원리'로 작용하기도 하고, 더 나아가 두 시적 양식의 간극을 메우며 상호 근접시키는 '연결고리'로 작용하기도 한다. 2부가 '시간성의 주제'를 시적 모티프로 삼아 관계성을 탐구하는 반면 3부는 '언어적 매개'를 시적 모티프로 삼아 방법론을 탐구한다는 점에서 이 두 양식은 시적 내용과 형식, 혹은 시적 주제와 기법의 범주에서 강영은 시의 구조화 원리 혹은 미학적 특이성을 형성하는 핵심 요소로 작용한다고 볼 수 있을 것이다.

  이 글은 이러한 가설을 구체적으로 검증하기 위해 시집 1부의 대표작과 4부의 대표작을 차례로 정밀 분석한 후 2부와 3부의 대표작을 정밀 분석하는 순서로 논의를 전개하고자 한다. 한 가지 염두에 두어야 할 부분은 2부의 화두가 되는 '시간성의 주제'라는 시적 모티프와 3부의 화두가 되는 '언어적 매개'라는 시적 모티프가 각각 2부와 3부에서 독립적으로 형상화될 뿐만 아니라 1부의 '자연 서정' 양식과 4부의 '도시 풍자' 양식의 내부에도 동반적으로 개입되고 융합되어 하나의 몸으로 형상화된다는 점이다.

    새가 날아가는 하늘을
    해 뜨는 곳과 해 지는 곳으로 나눕니다.
    방향이 틀리면 북쪽과 남쪽을 강조하거나
    죽음을 강요하기도 합니다.

    나의 흉곽을 새장으로 설득하기도 합니다.

    사이에 있는 것은 허공
    새가슴을 지닌 허공을 손짓하면
    새가 돌아올지 모르지만
    새의 노동이
    노래를 발견하고 나무를 발명합니다.

    헤아릴 수 없는 크기를 가진 숲에
    잠깐 머물러

나무와 나무의 그늘을 이해한다 해도

새 발자국에 묻은 피가 없다면
당신이 던진 돌멩이가 무슨 소용이 있겠어요?

점点 하나가
돌에 맞은 공중을 끌고 갑니다.

제가 새라는 걸 모르고
새라고 하자
공중이 조각조각 흩어집니다.

아무런 목적도 계획도 없이
너머로 넘어가는 새

새라고 부르면 새가 될지 모르지만
나라고 발음하는 새는
누구일까요?

—「너머의 새」 전문

  이 시는 시집의 1부를 대표하는 작품으로 "새"와 "허공", "피"와 "돌"이라는 핵심 상징의 관계망을 중심으로 중층적이고 복합적인 의미 맥락을 형성함으로써 강영은의 시적 양식 중 하나인 '존재론적 성찰과 형이상학적 탐구를 시도하는 자연 서정'을 잘 보여준다. 시의 전체적인 구성은 크게 기(1~2연), 승(3~5연), 전(6~7연), 결(8~9연)로 구분된다. 구성에 따르는 시상 전개는 '새의 날아감과 하늘의 공간적 의미'(기), '새와 허공 및 피와 돌멩이의 관계'(승), '새와 언어의 간격'(전), '너머로 가는 새와 주체성에 대한 질문'(결) 등으로 요약할 수 있다.

기(1~2연)에서 시적 화자는 "새가 날아가는 하늘"을 "해 뜨는 곳과 해 지는 곳으로 나"누거나 "북쪽과 남쪽을 강조하거나 / 죽음을 강요하기도" 하며 "나의 흉곽을 새장으로 설득하기도" 하는 양상들을 나열적으로 언급한다. 이 부분의 시적 의미는 주어가 생략된 점과 서술어들의 공통점을 찾는 것으로부터 유추할 수 있다. 생략된 주어는 아마 '인간들' 혹은 '세상 사람들'로 보이는데, 네 개의 서술어인 "나눕니다", "강조하거나", "강요하기도", "설득하기도" 등은 모두 인간들이 인위적으로 의미를 부여하거나 그것을 타인에게 투사한다는 공통점을 가진다. 따라서 시적 화자는 "새가 날아가는 하늘"의 모습을 있는 그대로 보지 못하고 의지적으로 의미를 부여하거나 그것을 타인에게 강요하는 세상 사람들의 관습이나 고정관념에 문제의식을 표명하고 있다.

승(3~5연)에 등장하는 "허공"이라는 첫 번째 상징이 관습이

나 고정관념에서 벗어나 자연自然 그 자체로 존재하는 "새"와 "하늘"의 관계를 형상화한다. "사이에 있는 것은 허공"이고 "새가슴을 지닌 허공을 손짓하면/ 새가 돌아올지 모르"는 것이다. 그러나 화자는 "허공"으로 자연의 무한을 형상화하는 데 그치지 않고 "새의 노동이/ 노래를 발견하고 나무를 발명"하는 차원을 제시함으로써 "새"라는 생명체가 발휘하는 능동적인 행위에 대해 긍정적인 시선을 던진다. "허공"이라는 상징이 내포하는 자연의 무한에 "새의 노동"-"노래"-"나무"라는 상징이 내포하는 생명체의 본연적 역동성을 덧씌움으로써 두 겹의 상징을 구사하는 것이다. 이 상징은 4~5연에 이르러 "새 발자국에 묻은 피"와 "당신이 던진 돌멩이"의 대비를 통해 세 겹의 상징으로 전개되며 중층화된다. "헤아릴 수 없는 크기를 가진 숲에/ 잠깐 머물러/ 나무와 나무의 그늘을 이해"하는 것이 첫 번째 상징의 의미인 자연의 무한과 두 번째 상징의 의미인 생명체의 본연적 역동성을 이해하는 차원이라면, "새 발자국에 묻은 피"는 생명체의 근원적 속성으로서 육체적 본능의 야수성을 의미하고 "당신이 던진 돌멩이"는 그 속성을 포착하지 못한 채 새의 외면만을 획득하려는 인간적 노력을 의미한다고 볼 수 있다. "무슨 소용이 있겠어요?"라는 설의형 문장은 "새 발자국에 묻은 피"에 무게중심을 두고 가치를 부여하는 화자의 태도를 보여준다.

이어지는 전(6~7연)에서 화자는 "새"를 "점点 하나"로 표현하고 그가 "돌에 맞은 공중을 끌고"라는 모습을 통해 인간적 노력이 생명체의 근원적 속성으로서 육체적 본능을 온전히 포착하지 못함을 드러낸다. 그리고 "제가 새라는 걸 모르고/ 새라고 하자/ 공중이 조각조각 흩어집니다"라는 문장을 통해 있는 그대로의 생명체와 그것을 표현하는 언어 간의 간극을 드러낸다. "새"와 "공중" 상징을 통해 자연 그 자체의 무한을 암시하는 것은 "허공" 상징의 연장선에 있으며, 언어의 한계에 대한 인식은 "당신이 던진 돌멩이가 무슨 소용이 있겠어요?"라는 표현의 연장선에 있다. 결(8~9연)에서 "아무런 목적도 계획도 없이/ 너머로 넘어가는 새"라는 표현은 기-승-전으로 이어지는 시상 전개를 수렴하고 결집한 문장으로서 자연 그 자체로 존재하는 생명체가 무한의 영역으로 이동하는 모습을 제시한다. 그런데 마지막 문장인 "새라고 부르면 새가 될지 모르지만/ 나라고 발음하는 새는/ 누구일까요?"에서는 화자가 "나"라는 주체성의 차원에 대해 질문하는 모습이 드러난다.

  이상의 분석을 통해 강영은의 '존재론적 성찰과 형이상학적 탐구를 시도하는 자연 서정'의 시 양식이 형상화하는 미학적 특이성 및 구조화 원리를 정리하면 다음과 같다. 강영은의 '자연 서정'은 자연 그 자체로 존재하는 "새"와 "하늘"의 관계를 전제로 자연의 무한을 상징하는 "허공"과 생명체의 본연적 역동성을 상징하는 "새"가 상호 길항하는 구도 안에 육체적 본능의 야수성을 상징하는 "피"와 외면만을 획득하려는 인간적 노력을 상징하는 "돌"이 상호 길항하는 구도를 접속하면서 중층적이고 복합적인 상징체계를 형성한다. 자연의 무한이라는 첫 번째 상징에 생명체의 본연적 역동성이라는 두 번째 상징을 결합시키고, 여기에 생명체의 근원적 속성으로서 육체적 본능의 야수성이라는 세 번째 상징과 외면만을 획득하려는 인간적 노력 및 언어의 한계라는 네 번째 상징을 덧씌운 이후에 다시 "나"라는 주체성의 차원에 대해 질문함으로써 다섯 번째 상징을 접속시키는 것이다. 이러한 강영은의 '자연 서정'은 한국 현대시사의 맥락에서 볼 때 박남수의 「새」를 오마주하면서 그 연장선에서 다섯 겹의 상징을 중첩시켜 중층적이고 복합적인 상징체계를 형상화함으로써 시적 강도와 밀도를 강화시킨다고 볼 수 있다.

필자는 강영은의 '자연 서정'이 이처럼 중층적이고 복합적인 상징체계를 형성하는 데 중요한 동인動因으로 작용하는 것이 '시간성의 주제'와 '언어적 매개의 방법'이라고 생각한다. 인용한 시에서 '시간성의 주제'는 "새가 날아가는 하늘", "죽음", "너머로 넘어가는 새" 등에서 노출되고, '언어적 매개의 방법'은 "당신이 던진 돌멩이", "돌에 맞은 공중", "새라고 하자", "새라고 부르면", "나라고 발음하는 새" 등에서 노출되고 있다. '시간성의 주제'와 '언어적 매개의 방법'에 대해서는 시집 2부 및 3부의 대표 시를 분석할 때 상세히 논의하기로 하자.

언제부턴가 왼쪽이 아프다.

기침하면 왼쪽 가슴이 쿨럭이고

고개 돌리면 왼쪽 등허리가 땡긴다.

어떤 권력이 점거했는지

어떤 부조리가 관여했는지

미세먼지 같은 대답을 듣는 날에는

목줄까지 뻣뻣하다.

내 몸의 기득권자는 누군가요,

내가 아닌가요?

당귀즙을 앞에 놓고 외쳐 보아도 단단한 근육질에 묶인

도시는 오른쪽으로 돌아서지 못한다.

어쩜 여기는 인형들의 도시일지 몰라,

선반 위에 놓인 목각인형처럼 사지를 내려놓고

빙그르르 돈다.

누가 총을 들이댄 것도 아닌데

네, 네, 그렇군요,

유리 벽에 박힌 나를 보려고 선 채로 돈다.

움직이는 벽에 애걸하듯 산 채로 돈다.

고통의 계단을 높이는 건 누구일까,

계단 위에 놓인 목에 붕대를 감고

계단 아래까지 내려간다.

어느 쪽에도 유리한 증언은 하지 않겠어요,

당신과 나는 경계에 서 있을 뿐이니까요,

구어체의 문 앞에 문어체인 당신은 대답이 없다.

택시를 탄다.

윈도 브러시는 좌우지간 안개 흐르는 길을 지우는데

어느 병원으로 모실까요,

앞만 노려보는 내게 운전기사가 물어본다.

글쎄요, 어디로 가야 할지 모르겠어요!
―「인형들의 도시」 전문

  이 시는 시집의 4부를 대표하는 작품으로 시적 화자가 "도시" 현실에서 방향 감각을 상실한 채 지향점을 찾지 못하는 모습을 알레고리로 형상화함으로써 강영은의 시적 양식 중 하나인 '디스토피아적 냉소와 형이하학적 탐구를 시도하는 도시 풍자'를 잘 보여준다. 시의 전체적인 구성은 크게 초반부(1연 1~11행), 중반부(1연 12~21행), 후반부(1연 22~28행, 2연)로 구분된다. 구성에 따르는 시상 전개는 '화자의 왼쪽까지 아프고 목줄이 뻣뻣하며 도시는 오른쪽으로 돌아서지 못함'(초반부), '화자가 인형들의 도시에서 유리 벽에 박히고 계단 아래로 내려감'(중반부), '당신은 답이 없고 화자가 증언을 거부하며 택시를 타도 행선지를 모름'(후반부) 등으로 요약할 수 있다.

  초반부에서 시적 화자는 자기 몸의 증상을 통해 "도시" 현실의 병리 현상을 진단한다. "언제부턴가 왼쪽이 아프"고 "기침하면 왼쪽 가슴이 쿨럭이고/ 고개 돌리면 왼쪽 등허리가 땡"기는 몸의 증상들은 공통적으로 "왼쪽"의 통증이나 불편을 제시한다. 이어지는 "어떤 권력"과 "어떤 부조리"는 통증이나 불편이 정치적 현실에 대한 알레고리임을 짐작케 한다. 한편 "미세먼지 같은 대답을 듣는 날에는/ 목줄까지 뻣뻣하다"라는 문장에는 정치적 알레고리에 기후 위기적 알레고리가 중첩되어 있다. "내 몸의 기득권자는 누군가요"라는 질문에서는 정치적 현실 및 기후 위기에 의해 수동적으로 좌우되는 도시인의 주권에 대한 회의가 드러난다. "당귀즙을 앞에 놓고 외쳐 보아도" "도시는 오른쪽으로 돌아서지 못"하는 것은 화자가 건강의 회복을 통해 이 상황을 극복하려 해도 도시 현실의 병폐와 부조리에서 벗어나기 어려운 무기력을 제시한다.

중반부에 등장하는 "인형들의 도시"라는 명명은 이러한 도시 현실 및 주체의 수동적 무기력을 간명하게 압축하고 있다. 화자는 자신을 "목각인형처럼 사지를 내려놓고/ 빙그르" 돌고 "네, 네, 그렇군요"라고 대답하는 등 순응하는 모습으로 제시하고, 급기야는 "유리 벽에 박힌 나"라고 정의한다. "유리 벽에 박힌 나를 보려고 선 채로" 돌고 "움직이는 벽에 애걸하듯 산 채로" 도는 화자의 모습은 자본주의적 도시 현실의 시스템에 포박당한 채 주체성을 상실하고 노예처럼 살아가는 사람들을 일종의 알레고리로 보여준다. 이어지는 "고통의 계단"이라는 알레고리는 "계단 위에 놓인 목에 붕대를 감고/ 계단 아래까지 내려간다."라는 문장이 보여주듯, 도시 현실이 인간들에게 고통을 증폭시켜 치명적인 상황에 이르게 한다는 디스토피아적 상상력을 제시한다.

이어지는 후반부에서 화자는 "당신과 나는 경계에 서 있을 뿐"이므로 "어느 쪽에도 유리한 증언은 하지 않겠"다고 말하면서 중립을 선언한다. 그러나 "구어체의 문 앞에 문어체인 당신은 대답이 없다."에서 드러나는 것은 "나"와 "당신" 간의 소통의 부재와 단절이다. 그리고 화자가 "택시를 탄" 후 "어느 병원으로 모실까요"라고 묻는 "운전기사"에게 "글쎄요, 어디로 가야 할지 모르겠어요!"라고 대답하는 모습은 이러한 도시 현실에서 방향 감각을 상실한 채 지향점을 찾지 못하는 인간상을 알레고리로 형상화한다.

이상의 분석을 통해 강영은의 '디스토피아적 냉소와 형이하학적 탐구를 시도하는 도시 풍자'의 시 양식이 형상화하는 미학적 특이성 및 구조화 원리를 정리하면 다음과 같다. 강영은의 '도시 풍자'는 정치적 현실에 대한 알레고리에 기후 위기에 대한 알레고리를 중첩시키고 이러한 현실에 좌우되는 인간들의 주권에 대한 회의 및 그 병폐와 부조리에서 벗어날 수 없는 무기력을 결부시키며, 더 나아가 "나"와 "당신" 간의 소통의 부재와 단절뿐만 아니라 주체의 방향 상실과 지향성 부재까지 접속시키면서 중층적이고 복합적인 디스토피아적 상상력을 보여준다. 그런데 강영은의 대표적인 두 가지 시적 양식인 '존재론적 성찰과 형이상학적 탐구를 시도하는 자연 서정'과 '디스토피아적 냉소와 형이하학적 탐구를 시도하는 도시 풍자'는 대척점에 위치하면서 이분법적으로 양분되는 양식이 아니라 상호 교섭하고 침투하는 복합적인 관계망을 형성한다. 두 양식 간의 상호 교섭과 침투에 작용하는 요소들 중에서 중요한 것은 "아버지", "어머니", "아이" 등이 형성하는 가족 관계의 상징체계와 "벌레", "나비", "나무" 등의 동물 및 식물적 생명체가 형성하는 상징체계이다. 특히 이 두 상징체계가 시적 주체의 환상을 통해 무의식의 원형질을 드러낼 때 이러한 특성이 선명히 노출된다. 다음의 시는 이 점을 잘 보여주는 사례이다.

　제인은 벌레를 눌러 죽였다. 유일한 놀이, 습관이 되어버린 그것을 취미라고 불렀다. 벌레의 총량을 헤아리듯 제인은 콧노래를 흥얼거렸다. 날개가 돋을 것처럼 겨드랑이가 가려웠다. 겨드랑이를 아무 데나 놓아두고 제인은 죽은 벌레처럼 잠들었다.

　밥만 축내는 이 벌레야, 아버지가 구부려 자는 제인을 걷어찼다. 등줄기를 찍는 구두가 여러 짝으로 변할 때마다 제인은 이를 악물었다. 아버지가 아이 아버지의 구두를 신고 있는 것은 하나도 이상하지 않았다. 이전에도 그 이전에도 아버지는

여러 짝의 구두였으니까,

　갓난아기를 돌보는 동안 제인은 먹지도 않고 배설조차 하지 않았다. 발자국이 어지럽게 놓인 마룻바닥에서 아이가 애벌레처럼 꿈틀거렸다. 제인은 재빨리 아이를 눌러 죽였다. 반으로 준 몸무게 때문에 정신이 깜빡거렸지만 가벼워진 의식은 날아가는데 충분한 무게였다.

　휠, 휠, 날아갈 거야, 제인은 난간을 딛고 조용히 웃었다, 삐걱거리는 이층 난간을 열고 바깥으로 들어갔다. 눈부신 바깥, 조리개를 여닫는 눈동자가 겹눈이 되어갔다. 제인은 활짝 날개를 펴고 공중으로 뛰어올랐다. 아이 아버지의 구두가 아니, 아버지 구두가 뛰어 올라오는 소리가 들렸다.

　제인은 쉬지 않고 날개를 저었다. 쿵, 허공과 부딪히는 소리가 들려왔다. 푸른 하늘이, 한 번도 보지 못한 푸른 하늘이 이마에 닿을 듯 펼쳐졌다. 아파트 화단 가에 구두 한 짝이 떨어져 있었다. 흰 나비 한 마리가 나풀거리며 날아와 앉았다.

　암전된 화면 속의 우화寓話를 본 것처럼 사람들은 아무도 나비를 보지 못했다.

―「우화羽化」 전문

이 시는 시집의 4부에 수록된 작품으로 "아버지"와 "제인", "제인"과 "아이" 등의 관계를 "구두"와 "벌레" 및 "나비"라는 핵심 이미지를 통해 중층적이고 복합적인 상징이나 알레고리로 형상화함으로써 강영은의 대표적인 두 가지 시적 양식인 '자연 서정'과 '도시 풍자'를 상호 교섭하고 침투하는 모습을 잘 보여준다. 여기서 중요한 부분은 강영은의 시적 양식 중 '자연 서정'이 주로 '상징'이라는 미학적 장치를 구사하는 반면 '도시 풍자'는 주로 '알레고리'라는 미학적 장치를 구사하면서 '상징'을 첨가한다는 점이다. 이 점은 '자연 서정'이 주로 자연물을 시적 대상으로 삼아 존재론적 성찰 및 형이하학적 탐구를 시도하는 반면 '도시 풍자'가 주로 도시적 현상이나 상황을 시적 대상으로 삼아 현실에 대한 냉소적 비판을 시도하는 양상과 긴밀히 연동된다고 볼 수 있다. 인용한 시에서 형식적 기법을 전체적으로 관통하는 것은 C-2의 "우화寓話"와 제목인 「우화羽化」의 동음이의어를 활용하여 '우화寓話'라는 알레고리 방식을 통해 벌레가 '우화羽化'되는 과정을 파편적 연쇄의 서사로 형상화하는 것이다. 한편 "구두", "벌레", "나비" 등의 이미지는 이 알레고리적 서사의 내부에서 핵심적인 상징으로 작용하고 있다. 강영은의 대표적인 두 가지 시적 양식인 '자연 서정'과 '도시 풍자'가 상호 교섭하고 침투하면서 상징과 알레고리의 방법론이 상호 결합되는 양상을 인용한 시에서 자세히 살펴보자.

이 시는 시적 주체의 내면에 펼쳐진 무의식의 스크린 위에 세 겹의 서사를 주름으로 중첩시켜 영사하는 방식을 보여준다. 화면은 음산하고 그로테스크한 사건들이 전개되는 악몽의 드라마를 연쇄적으로 제시함으로써 나선형으로 회전하는 장면들로 구성된다. 시의 전체적인 구성은 크게 A-1(1연), A-2(2연), B-1(3연), B-2(4연), C-1(5연), C-2(6연)로 구분된다. 구성에 따르는 시상 전개는 '벌레를 눌러 죽인 제인이 벌레처럼 잠듦'(A-1), '아버지가 제인을 걷어차고 구두로 찍음'(A-2), '제인이 갓난아기를 돌보다 눌러 죽임'(B-1), '제인이 날개를 펴고 공중으로 뛰어오르고 아버지 구두가 뛰어오름'(B-2), '제인이 허공과 부딪히고 화단에 구두 한 짝이 떨어지며 나비가 앉음'(C-1), '사람들이 나비를 보지 못함'(C-2) 등으로 요약할 수 있다.

A-1에서 "제인은 벌레를 눌러 죽"이고 "벌레의 총량을 헤아리듯" "콧노래를 흥얼거"린다. 그리고 "날개가 돋을 것처럼 겨드랑이가 가"렵고 "죽은 벌레처럼 잠들"므로 벌레로 변신하는 모습을 보여준다. 이 과정은 주체의 재귀적 자기 순환 운동이라고 간주할 수 있는데, 주체가 대상과의 관계에서 폭력의 능동적인 원인이었다가 수동적인 대상으로 전이되는 형국이다. 여기서 "제인"이 "벌레"를 "죽"이는 가학적 폭력성이 "놀이, 습관"이자 "취미"가 되는 이유는 타나토스적 본능보다는 후천적 경험이나 환경적 요인이 지배하는데, 그 연원은 A-2에 제시되

는 아버지의 가학적 폭력성에서 찾을 수 있다. "아버지가 구부려 자는 제인을 걷어"차고 "등줄기를 찍는 구두가 여러 짝으로 변"하는 모습은 "아버지"로 암시되는 상징계의 질서 즉 현실원칙이 지배하는 세상의 시스템이 최초의 원인임을 드러낸다. 이 시에서 악몽의 드라마는 A-1에서 A-2로 전개되지만 무의식의 내적 질서에서는 A-2가 원인이 되어 A-1이 생겨나는 것이다.

여기서 중요한 이미지로 등장하는 "구두"는 "아버지"의 분신이자 그 폭력성을 대변하는 환유로 작용한다. "등줄기를 찍는 구두가 여러 짝으로 변"하는 양상과 "아버지는 여러 짝의 구두였"다는 표현은 상징계의 질서 즉 현실원칙이 지배하는 세상의 시스템이 다양한 복수적 형태로 그리고 오랜 시간 동안 주체에게 폭력을 행사해 왔다는 것을 암시한다. 한편 "아버지가 아이 아버지의 구두를 신고 있는 것"에서 확인할 수 있는 것은 화자의 무의식 속에서 "아버지"가 "제인"의 아버지이자 "아이"의 아버지이므로 "제인"과 "아이"가 동일시된다는 점이다. 이 점은 B-1에서 "갓난아기를 돌보는" "제인"이 "재빨리 아이를 눌러 죽"이는 엽기적인 행위를 시적 주체의 가학적인 자기학대로 해석할 수 있는 가능성을 열어준다. "제인"이 "갓난아기를 돌보는" 행위는 자기애의 발현이고 "재빨리 아이를 눌러 죽"이는 행위는 자기 증오 및 살해의 발현이라고 볼 수 있다. 이 과정에서 "제인"은 "먹지도 않고 배설조차 하지 않았"

으며 "몸무게"가 "반으로" 줄고 "가벼워진 의식은 날아"간다. "아이가 애벌레처럼 꿈틀거"리는 것처럼 "제인"도 애벌레가 되어 우화羽化를 기다리는 것이다.

　이러한 내적 필연성에 의해 B-2에서 "제인"이 "휠, 휠, 날아갈 거야"라고 말하는 것이 가능해진다. "난간을 딛고" "이층 난간을 열고 바깥으로 들어"간 "제인"이 "조리개를 여닫는 눈동자가 겹눈이 되어"가고 "활짝 날개를 펴고 공중으로 뛰어"오르는 것은 애벌레가 나비가 되는 우화의 과정이다. 그런데 이때 "아이 아버지의 구두가 아니, 아버지 구두가 뛰어 올라오는 소리가 들"리는 것은 우화의 과정에도 상징계의 현실원칙이 가지는 폭력성이 개입하고 있음을 보여준다. C-1에서 "제인"은 우화의 과정을 거쳐 "쉬지 않고 날개를 저"어 " 쿵, 허공과 부딪"히고 "한 번도 보지 못한 푸른 하늘이 이마에 닿을 듯 펼쳐"진다. "제인"이 "허공과 부딪"히고 "푸른 하늘이 이마에 닿을 듯 펼쳐"지는 것은 우화를 완성시켜 "나비"의 비상을 실현시키는 모습이지만, "쿵,"이라는 의성어와 "부딪"히는 모습은 그 완성이 모종의 좌절이나 실패를 동반한다는 것을 암시한다.

　이 두 힘이 충돌하면서 생겨나는 결과가 "아파트 화단 가에 구두 한 짝이 떨어져 있었다. 흰 나비 한 마리가 나풀거리며 날아와 앉았다."라는 두 문장으로 귀결된다. 이 문장과 C-2는 화자가 무의식적 환상에서 현실로 이동한 이후의 상황을 묘사하는 부분이다. 이 부분은 A-1에서 C-1까지의 전개 과정 전체가 시적 주체의 환상, 즉 무의식의 스크린 위에 영사된 "화면"임을 드러내는데, 화자는 그것을 "우화寓話"라고 지칭함으로써 '알레고리'가 중요한 미학적 장치로 구사되고 있음을 표현한다. 그리고 "사람들은 아무도 나비를 보지 못했다."라는 마지막 문장은 우화의 형식을 통해 제시된 환상의 드라마가 주체의 심연에 침전된 무의식적 원장면으로서 심리적 실재에 해당한다는 점을 암시한다.

지금까지 이 글은 시집 1부에 수록된 시적 양식인 '자연 서정'의 대표 시를 정밀 분석하면서 '존재론적 성찰과 형이상학적 탐구'의 미학적 특이성을 살펴보고, 시집 2부에 수록된 시적 양식인 '도시 풍자'의 대표 시를 정밀 분석하면서 '디스토피아적 냉소와 형이하학적 탐구'의 미학적 특이성을 살펴보며, '무의식적 환상'을 통해 '심리적 실재'를 표출하는 대표 시를 심층 분석하면서 이 두 양식이 상호 교섭하고 침투하면서 복합적인 관계망을 형성하는 양상을 살펴보았다. 이제 2부에 수록된 '시간성의 주제를 모티프로 삼아 관계성을 탐구'하는 시 양식의 대표 시와 3부에 수록된 '언어적 매개를 모티프로 삼아 방법론을 탐구'하는 시 양식의 대표 시를 차례로 정밀 분석하면서 그 미학적 특이성을 살펴보기로 하자.

돌 위에 돌을 얹고 그 위에 또 돌을 얹어
궁극으로 치닫는 마음

마음 위에 마음을 얹고 그 위에 또 마음을 얹어
허공으로 치솟는 몸

돌탑은 알고 있었다.

한 발 두 발 디딜 때마다 무너질 걸 알고 있었다.
무너질까 두근거리는 나를 알고 있었다.

그건 내가 태어나기 전의 일이므로

조그만 돌멩이를 주워
마음의 맨 꼭대기에 올려놓았다.

태어나기 전의 돌탑을
태어난 이후에도 기다렸다.

한곳에 머물러 오래 기다렸다.

돌멩이가 자랄 때까지
돌탑이 될 때까지

—「시간의 연대」 전문

이 시는 시집의 2부를 대표하는 작품으로 시적 화자가 "돌"-"궁극"-"마음"의 점층과 "마음"-"허공"-"몸"의 점층을 연쇄적 구도로 설정하고 "태어나기 전"에서 "태어난 이후"까지의 "기다"림을 형상화함으로써 시간의 주제를 모티프로 삼아 관계성을 탐구하는 양상을 잘 보여준다. 시의 전체적인 구성은 크게 기(1~2연), 승(3~4연), 전(5~7연), 결(8~9연)로 구분된다. 구성에 따르는 시상 전개는 '돌을 얹어 궁극을 추구하는 마음과 마음을 얹어 허공을 추구하는 몸'(기), '무너질까 두근거리는 나를 아는 돌탑'(승), '태어나기 전의 돌탑을 태어난 이후에도 기다림'(전), '돌멩이가 돌탑이 될 때까지 기다림'(결) 등으로 요약할 수 있다.

　기(1~2연)에서 시적 화자는 "돌 위에 돌을 얹"는 행위를 반복하여 "마음"을 "궁극으로 치닫"게 한다. 물질적 대상인 "돌"을 쌓아 올리는 노력을 통해 정신적 차원인 "마음"을 "궁극"에까지 도약시키려 하는 것이다. 그리고 화자는 "마음 위에 마음을 얹"는 행위를 반복하여 "몸"을 "허공으로 치닫"게 한다. 정신적 차원인 "마음"을 쌓아 올리는 노력을 통해 육체적 차원인 "몸"을 "허공"에까지 도약시키려 하는 것이다. 이처럼 "돌"-"궁극"-"마음"이 접속하고 "마음"-"허공"-"몸"이 접속하면서 연쇄적 구도를 형성할 때 주체의 "몸"과 "마음"은 "돌"을 매개로 상통하여 합일을 이루면서 "궁극"과 "허공"에 근접하게 된다. 물질성과 정신성의 상호 침투와 융합을 경유하여 도달하는 "궁극"과 "허공"의 차원은 강영은 시의 핵심적인 주제 의식인 '존재론적 성찰과 형이상학적 탐구'의 지향점을 잘 보여준다.

　승(3~4연)에 등장하는 "돌탑"은 시적 주체가 추구하는 염원 및 행위의 결과물이다. 그런데 3연의 문장과 4연의 문장 사이에는 미묘한 심리적 긴장과 굴절이 숨어 있다. 3연의 "돌탑은 알고 있었다."라는 문장과 4연의 "무너질까 두근거리는 나를 알고 있었다."라는 문장의 연결은 자연스럽게 이해된다. 화자는 "돌 위에 돌을 얹"는 행위를 반복하면서 그것이 무너질까 두려워하는데, 돌탑이 그러한 나를 알고 있는 상황은 시적 주체와 대상이 상호 위치를 바꾼 것이다. 한편 3연의 "돌탑은 알고 있었다."라는 문장과 4연의 "한 발 두 발 디딜 때마다 무너질 걸 알고 있었다."라는 문장의 연결은 어딘지 부자연스럽고 무엇인가 결락되어 있는 듯하다. 4연 1행의 "한 발 두 발 디딜 때마다"의 주어가 돌탑이 아니라 화자라는 점에서 일단 "무너질 걸 알고 있"는 주체도 화자라고 이해할 수 있다. 시적 주체로서 화자는 자신이 추구하는 염원 및 노력이 실패와 좌절을 겪으며 미완성에 그치리라는 자의식을 가지고 있다. 주체의 무의식이 자신과 돌탑을 동일시하므로 이러한 자의식을 돌탑에 투사하여 자신이 무너질 것을 돌탑도 알고 있다고 간주하는 것이다.

　전(5~7연)은 화자의 자의식 및 돌탑과의 동일시로 인한 이심전심의 양상이 오랜 시간의 내력을 가지고 있음을 제시한다. 5연의 "내가 태어나기 전의 일"은 과거의 시간대에 속하고 6연의 "조그만 돌멩이를 주워/ 마음의 맨 꼭대기에 올려놓"는 행위는 현재 진행적 시간대에 속한다. 그리고 7연의 "태어나기 전의 돌탑을/ 태어난 이후에도 기다"리는 태도는 이 두 시간대를 결합하면서 미래의 시간대로 이동시킨다. 이처럼 과거-현재-미래를 관통하는 화자의 행위와 기다림의 자세는 「시간의 연대」라는 제목이 암시하듯 '시간성의 주제'를 모티프로 삼아 관계성을 탐구하는 모습을 잘 보여준다.

 결(8~9연)은 "돌멩이가 자랄 때까지/ 돌탑이 될 때까지" "한 곳에 머물러 오래 기다"리는 화자의 모습을 통해 이러한 시적 주제를 재확인하면서 작품을 마무리한다. 여기서 필자는 "돌멩이"와 "돌탑"의 상징성을 좀 더 적극적으로 부각시켜 해석해보고자 한다. 인용한 시에서 기(1~2연)에 등장하는 "돌", 전(5~7연) 및 결(8~9연)에 등장하는 "돌멩이"가 유물론적 차원에서 물질성을 상징한다면, 기(1~2연)에서 "돌 위에 돌을 얹"는 행위를 "마음 위에 마음을 얹"는 행위로 연쇄적으로 누적시키는 것, 전(5~7연)에서 "돌멩이를 주워/ 마음의 맨 꼭대기에 올려놓"는 행위, 승(3~4연) 및 결(8~9연)에 등장하는 "돌탑" 등은 이 물질성에 "마음"으로 대표되는 정신성을 덧입혀 "궁극"이나 "허공"으로 표상되는 정신적 무한의 세계로 상승하려는 시도를 상징한다. 따라서 결(8~9연)은 형이하학적 물질성의 차원을 형이상학적 정신성의 차원으로 고양하고 승화시키려는 의지와 오랜 기다림의 자세라는 작품의 전체적 주제를 수렴하고 결집시켜 핵심 상징인 "돌멩이"와 "돌탑"으로 간명하게 요약하면서 매듭을 짓는 것이다. 필자는 이러한 해석의 연장선에서 강영은의 시 세계에서 '시간성의 주제를 모티프로 삼아 관계성을 탐구'하는 시 양식이 '디스토피아적 냉소와 형이하학적 탐구를 시도하는 도시 풍자'의 시 양식과 '존재론적 성찰과 형이상학적 탐구를 시도하는 자연 서정'의 시 양식이라는 양극성을 의미적·내용적 차원에서 매개하는 위상을 가지고 있다고 해명하고자 한다.

한 문장 속에는 눈, 코, 입 같은 여러 개의 문門이 달려 있습니다. 열거나 닫힐 뿐인 문門은 상징일지 모르지만, 문門이 있다는 건 나를 안내하는 자가 있다는 것

더 빨리, 더 간절히, 문門을 열려는 이들도 있습니다. 그럴 때 문門은 계단이 필요합니다. 뛰어내리거나 뛰어오를 계단이 준비되었다면 문패門牌와 같은 알레고리를 열어야 합니다.

이를테면, '열려라 참깨'와 같은 주문主文을 지나야 합니다. 아, 저런! 잘못된 문閒이 문閾을 통하여 수치를 갖는군요. 그럴수록 패牌를 쥔 손이 밑줄 긋습니다

속독速讀을 좋아하는 사람들은 단번에 담장을 넘습니다. 페이지 뷰를 원하는 사람들은 한 장면에 오래 머물러 있기를 좋아하구요.

반복적이거나 인상적인 문장紋章에 집착하는 건 오래된 습관이지만, 떠나지 못하는 사람들, 떠날 수 없는 사람들이 있다는 것은 장미처럼 붉은 심장心臟에 대한 신앙심 때문입니다.

문門에 대한 믿음이 없다면 구름에 대해 고민해 보세요. 구름은 제멋대로 하늘을 흐려놓지만, 별이 반짝이는 밤하늘은 아름다운 문장文章이잖아요?

꼬리가 긴 최초의 문장門帳이 탄생합니다. 사라지는 별똥별에 당신은 여러 개의 문吻을 매달아 둡니다.

그 문門이 죽음으로 들어가는 길이라고, 얼굴을 현실에서 돌려 제2의 현실에 파묻고 있는* 신생아들을 위해 궤도를 수정하기로 합니다.

빠르게 문門이 열릴 때 당신은 차단됩니다. 나는 문門을 여는 사람, 당신을 읽는 최초의 얼굴입니다.

* 릴케의 시 「책 읽는 사람」

―「독자讀者」 전문

  이 시는 시집의 3부를 대표하는 작품으로 시적 화자가 "문"이라는 단어의 동음이의어인 "문門", "문間", "문聞", "문吻" 등의 차이와 반복을 활용하는 동시에 이로부터 파생된 "문패門牌", "주문主文", "문장紋章", "문장文章", "문장門帳" 등의 차이와 반복으로 이동하면서 언어적 매개를 모티프로 삼아 방법론을 탐구하는 양상을 잘 보여준다. 시의 전체적인 구성은 크게 기(1~2연), 승(3~5연), 전(6~7연), 결(8~9연)로 구분된다. 구성에 따르는 시상 전개는 '문장에 달린 문門을 여는 계단과 문패門牌'(기), '문門을 여는 주문主文, 속독速讀과 문장紋章'(승), '구름과 별로 구성되는 밤하늘의 문장文章과 문장門帳'(전), '죽음으로 들어가는 문門, 차단되는 당신과 문門을 여는 나'(결) 등으로 요약할 수 있다.
  기(1~2연)는 시적 화자가 생각하는 언어의 기본적인 관점을 제시한다. 화자는 "한 문장 속에" "눈, 코, 입 같은 여러 개의 문門이 달려 있"는데 그 "문門"을 "상징일지 모"른다고 말하며 "나를 안내하는 자가 있다"라고 생각한다. "문장 속"의 "문門"을 "눈, 코, 입" 등에 비유하는 이유는 문장 및 신체는 구멍을 통해 내부와 외부를 소통시키는 기능에서 상호 유사성을 가지기 때문이다. 화자는 "문門"의 속성을 "상징"으로 보고 자신을

"안내"하는 역할을 한다고 말하므로 언어의 작용을 표상된 기표의 안내를 받아 기의를 찾는 경로라고 이해한다. 그리고 "더 빨리, 더 간절히, 문門을 열려"고 할 때 필요한 것은 "계단"인데, "계단"을 "뛰어내리거나 뛰어오"르기 위해서는 "문패門牌와 같은 알레고리"의 도움을 받아야 한다고 말한다. 요약하면 화자는 "문장 속"의 "문門"의 속성을 자신을 안내하는 '상징'으로 이해하지만, "계단"을 통해 더 빠르고 간절히 그곳에 도달하기 위해서 '알레고리'가 필요하다고 보는 것이다. 이러한 언어 작용에 대한 사유는 강영은의 시 세계에서 '언어적 매개를 모티프로 삼아 방법론을 탐구'하는 시 양식의 기초를 이루는 관점이라고 볼 수 있을 것이다.

　승(3~5연)에 등장하는 몇 가지 사례들은 "문패門牌와 같은 알레고리"를 통해 "더 빨리, 더 간절히, 문門"을 열고 "계단"을 "뛰어내리거나 뛰어오"르기 위한 구체적인 방법이다. 첫째 사례는 "주문主文을 지나"는 방법인데 이때 "잘못된 문問이 문聞을 통하여 수치를 갖는" 우려가 있으므로 "패牌를 쥔 손이 밑줄"을 그어야 한다. 이 부분은 '알레고리'를 통한 비약적인 독서가 그릇된 질문과 통상적 정보가 만나서 왜곡된 결과에 이를 수 있으므로 그 기의를 명확히 해석해야 한다는 의미로 이해된다. 둘째 사례는 "속독速讀을 좋아하는 사람들"이 "단번에 담장을 넘"는 경우이고, 셋째 사례는 "페이지 뷰를 원하는 사람들"이 "한 장면에 오래 머물러 있기를 좋아하"는 경우이다.

다음으로 넷째 사례는 "반복적이거나 인상적인 문장紋章에 집착"하는 경우인데, 이것은 "장미처럼 붉은 심장心臟에 대한 신앙심"에서 암시되듯 상징적인 표지標識에 심취하는 독서의 고정관념 때문에 생겨난다.

전(5~7연)에서는 화자가 "문門에 대한 믿음이 없"는 경우에 필요한 독서의 방법으로 "구름에 대해 고민해 보"는 것을 제시한다. "구름은 제멋대로 하늘을 흐려놓지만, 별이 반짝이는 밤하늘"이 "아름다운 문장文章"인 이유는 "구름"의 카오스 상태 혹은 불투명성이 강해질수록 "별"의 "반짝"임이 투명성의 순도를 강화하기 때문인 듯하다. 화자는 상징이나 알레고리를 통한 문장 해석의 확신이 없는 독자에게 오히려 해석의 불확실성을 사유하는 방법을 권유한다. 이 방법을 활용하면 "별"이 유성流星으로 전개되면서 "꼬리가 긴 최초의 문장門帳이 탄생"하고 "사라지는 별똥별에 당신은 여러 개의 문吻을 매달아" 두는 경우도 생겨난다. "문장門帳"은 '창이나 문에 치는 휘장'이므로, 화자는 "별똥별"을 "꼬리가 긴 최초의" 휘장으로 간주하면서 "당신"이 그것에 여러 개의 입술(吻)을 매달아 둔다고 표현한다. 여기서 "문장門帳"과 "문吻"의 비유는 독서에서 명확한 지시적 의미를 도출하는 방식이 아니라 모호하고 미묘한 아우라 및 느낌을 감지하거나 함축적 의미를 이해하는 방식을 우회적으로 표현한 것으로 볼 수 있다.

결(8~9연)은 "문門이 죽음으로 들어가는 길"이라는 구절을 통해 비약적인 의미의 전환을 가져온다. "한 문장 속에" "달려 있"는 "문門"이 "죽음으로 들어가는 길"이라는 표현은 기-승-전까지 진행된 일상적인 독서 차원의 시상 전개를 일거에 도약시켜 '존재론적 성찰과 형이상학적 탐구'를 시도하는 독서 차원으로 상승시킨다. 릴케의 시「책 읽는 사람」에서 인용한 "얼굴을 현실에서 돌려 제2의 현실에 파묻고 있는 신생아들을 위해 궤도를 수정"한다는 표현은 독서 차원의 전환이 "신생아들을 위해" 상징계가 지배하는 "현실"이 아니라 상상계와 실재가 지배하는 "제2의 현실"에 무게중심을 두고 "궤도를 수정"하는 것임을 짐작케 한다. 따라서 여기서 "죽음"은 상징계의 현실원칙이 지배하는 비극적 세계를 상상계와 실재의 쾌락원칙이 지배하는 낙관적 세계로 상승하기 위해 진입해야 하는 통로로서 역설적 죽음이라고 해석할 수 있다. 이어지는 마지막 9연에서 화자는 자신을 "문門을 여는 사람"으로 정의하고 "빠르게 문門이 열릴 때 당신은 차단"되지만 자신을 "당신을 읽는 최초의 얼굴"이라고 말하면서 결론을 맺는다.

「시간의 연대」에서 마지막 연이 형이하학적 물질성의 차원을 형이상학적 정신성의 차원으로 고양하고 승화시키려는 의지와 오랜 기다림의 자세라는 작품의 전체적 주제를 수렴하고 결집시켜 핵심 상징인 "돌멩이"와 "돌탑"으로 간명하게 요약하면서 매듭을 짓는다면, 이와 유사하게「독자讀者」에서 마지막 연은 "문장 속"의 "문門"을 상징계의 비극적 세계를 상상계와 실재의 낙관적 세계로 상승하기 위해 진입해야 하는 "죽음"의 통로로 간주하고 자신을 그 "문門을 여는 사람"으로 간명하게 정의하면서 매듭을 짓는다. 필자는 이러한 해석의 연장선에서 강영은의 시 세계에서 '언어적 매개를 모티프로 삼아 방법론을 탐구'하는 시 양식이 '디스토피아적 냉소와 형이하학적 탐구를 시도하는 도시 풍자'의 시 양식과 '존재론적 성찰과 형이상학적 탐구를 시도하는 자연 서정'의 시 양식이라는 양극성을 기법적·형식적 측면에서 매개하는 위상을 가지고 있다고 해명하고자 한다.

  지금까지 이 글은 강영은의 여덟 번째 시집 『너머의 새』의 1부에 수록된 시들의 양식을 '존재론적 성찰과 형이상학적 탐구를 시도하는 자연 서정', 4부에 수록된 시들의 양식을 '디스토피아적 냉소와 형이하학적 탐구를 시도하는 도시 풍자'라고 명명하고, 2부에 수록된 '시간성의 주제를 모티프로 삼아 관계성을 탐구'하는 시 양식과 3부에 수록된 '언어적 매개를 모티프로 삼아 방법론을 탐구'하는 시 양식이 양극적 대척점에 놓인 이 두 시적 양식 각각의 내부에서 시적 주제나 언어적 매개의 위상을 가지면서 '구조화 원리'로 작용하기도 하고, 더 나아가 두 시적 양식의 간극을 메우며 상호 근접시키는 '연결고리'로 작용하기도 한다는 가설을 세우고, 이를 검증하기 위해 작성되었다. 강영은의 시는 이처럼 크게 네 가지 유형으로 분화된 시 양식을 동시에 밀고 나가면서 이들 간의 상호 교류와 침투를 통해 중층적이고 복합적인 상징 및 알레고리의 체계를 형상화한다. 우리는 강영은의 네 가지 시적 양식과 그 중층적 복합성이 여덟 번째 시집 이후에 어떤 방향으로 질적 변화를 동반하면서 전개될지 예의 주시할 필요가 있을 것이다.

| 강영은 |

제주 서귀포 출생. 동국대 문화예술대학원을 졸업했다. 2000년 『미네르바』로 등단했으며, 시집으로 『녹색비단구렁이』 『최초의 그늘』 『풀등, 바다의 등』 『마고의 항아리』 『상냥한 시론詩論』 외 2권, 시선집 『눈잣나무에 부치는 詩』, 에세이집 『산수국 통신』이 있다. 시예술상 우수작품상, 한국시문학상, 한국문협 작가상, 문학청춘 작품상, 서귀포문학상 등을 수상했다.

이메일 : kiroro1956@hanmail.net

현대시 기획선 96
너머의 새

초판 1쇄 발행 · 2024년 3월 1일
초판 2쇄 발행 · 2024년 12월 23일
지은이 · 강영은
펴낸이 · 이선희
펴낸곳 · 한국문연
서울 서대문구 증가로29길 12-27, 101호
출판등록 1988년 3월 3일 제3-188호
편집실 | 서울 서대문구 증가로31길 39, 202호
대표전화 302-2717 | 팩스 · 6442-6053
디지털 현대시 www.koreapoem.co.kr
이메일 koreapoem@hanmail.net

ⓒ 강영은 2024
ISBN 978-89-6104-349-6 03810

값 12,000원

* 잘못된 책은 바꾸어 드립니다.